共通テスト対応

英熟語 750

ESSENTIAL ENGLISH IDIOMS FOR
The Common Test for University Admissions

東進ブックス

はじめに
Preface

最重要の750語とは？

本書は，前書『英熟語センター750』を「大学入学共通テスト」に向けて改訂したものです。『英熟語センター750』初版発行は1999年と，これまで長きにわたって多くの受験生に愛されてきました。当時販売されていた「熟語集」の多くは，たくさんある英熟語の中から，何を先に覚えるかについて，合理的な根拠がないか，あっても段階をふまえたものになっていませんでした。そこで，本書は以下の点に沿って，熟語を選定し，掲載してきました。

●どれを先に覚えるか

本書は，大学受験をする皆さんのために作られています。そのため，前書『英熟語センター750』には，センター試験の本・追試験はもちろん，高等学校の検定教科書や国公立大学の2次試験・私立大学の入学試験に出た熟語を頻度分析し，その客観的分析のもとに厳選された熟語が，頻度順に掲載されていました。したがって，見出し語の750の熟語は**大学入試の核になる**ものであるばかりでなく，大学入学後も必要とされる様々な分野の英語の勉強に役立ってきたはずです。

●「大学入学共通テスト」向けに大改訂

しかし，2020年度よりセンター試験が廃止され，代わりに「大学入学共通テスト」が実施されることになりました。そこで今回，これまでの分析結果に，大学入学共通テストのデータを加え，見出し語の再調査を行いました。これにより入れ替えとなった見出し熟語は「43語」という全体の中ではわずかなものですが，大学入学共通テストに対応した熟語集となりました。

覚える工夫をしよう

英語力の大きな柱の1つは，語彙力です。したがって，英語の習得には単語と熟語の暗記は必要条件です。ところが，これが大抵の人にとっては大変な作業であることは想像に難くありません。

●暗記に理屈は必要か

現在，ほとんどの日本人がおかれている英語の学習環境を考えると，理想といわれる「1日中シャワーのように英語を浴びられる」状況下にはありません。しかも，日本語で脳の配線ができあがってしまった後に他の言語を入れても，先のものが邪魔をして，幼児のようにスムーズに言語を習得できないという事情もあります。とすれば，日本人がある年齢を超えてから英語をものにするためには，ある程度の「理屈」を理解することも有効な手段といえます。

このような考えに基づいて，今回の改訂では注釈をより充実させました。見出しの熟語を覚える上で気をつけたい点を注釈として掲載しました。また，関連語を改訂前よりも増やし，より多くの熟語を関連づけて覚えられるようにました。

●例文と句例

A や *B* といった，暗号のように入力された記憶は，簡単に消え去るか，引き出すことがきわめて困難なのです。しかし，熟語の見出し語の多くは「～ *A* … *B*」といった，記号とセットで覚える必要があります。そのため，今回の改訂では，「EXAMPLE SENTENCE（例文）」に加えて，「PHRASE EXAMPLE（句例）」を掲載しました。例文と合わせて句例を覚えることで，熟語の「使い方」の幅が広がるはずです。このことは，従来の「読む」「聞く」英語力だけでなく，「話す」「書く」といった，発信する英語力の構築にも役立つはずです。熟語の使い方の幅が広がれば，4技能の英語を身につける基礎力となるでしょう。

●学習計画

本書は見出し語を50語ずつSTAGEで区切っています。さらに頻出度により5STAGEごとにROUNDに分けて掲載しました。各ROUNDの扉ページには，学習記録を記入できるようになっています。エビングハウスの忘却曲線と，最適な復習のタイミングのグラフを掲載しましたので，学習計画の参考にしてください。

●自分独自の覚える工夫を

本書では，熟語を覚えるためのいろいろな工夫を凝らしてみましたが，実際に覚えるのは読者自身なので，**自分なりの覚える工夫**もしてみてほしいと思います。

私が受験生の頃，心理学の「忘却曲線」という話を聞いて，英語の単語を記憶するときに参考にしたことがあります。忘却曲線によると，人は8時間経つとせっかく覚えたことの大半は忘れてしまうというのです。そこで，1日をおよそ8時間ずつ，朝の登校時，午後の下校時，就寝前という具合に区切って暗記しました。初めて覚える語彙は，記憶後に邪魔の入らない就寝前とし，登校時と下校時はそのチェックの時間にあてました。このおかげで，さしたる記憶力もない私がずいぶんと効率よく覚えられました。自分なりの覚える工夫をして，**反復練習することで，記憶は定着する**はずです。

記憶することにおいて意外と忘れられているのが，**覚えようとする気持ちの重要さ**です。熟語集にどのような工夫が凝らされていても，覚えようとする気にならなければ，頭には入ってきません。皆さんの目標達成のために，是非本書を十分に活用していただければ幸いです。

本書のレベルと利用法
Word level & How to use

まずは，次の問題とスクリプトを見て下さい。

問 2 　6

スクリプト：Right now, she's too busy to go to the lake and fish.

この問題は，2018 年に行われた「大学入学共通テスト」リスニングの試行調査の問題です。上の４つのイラストを見てください。

①のイラストでは，女性が釣りをしています。

②のイラストでは，女性が釣りの準備をしています。

③のイラストでは，女性がデスクでお茶を飲みながら釣りのことを考えています。

④のイラストでは，女性はデスクで忙しそうにしながら釣りのことを考えています。

この①～④のイラストから，スクリプトに合うものを選ぶ問題です（スクリプトとは読み上げられる音声のことです）。

ちなみに，スクリプトの訳は，

▶ 今，彼女は忙しすぎて湖に釣りに行けない。

となります。

スクリプトの単語自体は難しいものではありませんが，下線部分の熟語「too ～ to *do*」（P.16 参照）の意味がわからないと，正解にはたどり着けません。

このように，「大学入学共通テスト」では，熟語がわからないと解けない問題が出題されると予想されます。本書では，前書『英熟語センター750』と，直近 10 年間のセンター試験・「大学入学共通テスト」試行調査２回分を分析し，「大学入学共通テスト」に出ると予想される熟語を750 語に厳選して収録しました。

さらに，派生語・類義語・反対語・関連語として 792 語，巻末には特別付録として「要注意の中学熟語 103」も収録しました。

したがって，本書では

見出語750語＋派生語・類義語・反対語・関連語793語＋中学熟語103語＝1,646 語もの熟語をマスターできます。

注釈にも多くの熟語が掲載されていますので，本書をしっかり読みこめば，「大学入学共通テスト」には安心して挑むことができるでしょう。

本書と音声の利用法

①配列について

入試出題頻度順に並べてあります。そのため，初めから順番に覚えていくのが効率的です。逆に言うと，番号の若い熟語で知らないものがあると，たいへんに危険です。したがって，やさしそうだからといって**安易に飛ばすことなく**，必ず覚えていることを確認してから先に進みましょう。

②訳語について

過去のセンター試験に出た，あるいは，入試に頻出する意味だけに絞ってあるので，必ず**全部覚える**こと。覚えきれていない訳語があるのにもかかわらず，1語1訳だけでマスターしたことにしてしまうのは危険です。

③関連語について

派生語や類義語，反意語および語法など，同時に覚えると効率的なものは，紙面の許す範囲で掲載しましたので，見出し語の語感を養いながら**一気に覚えてしまう**といいでしょう。

④音声について

見出し語，語義，例文が収録されています。

最初は，本書を見ながら聞き，慣れてきたら目をつぶって繰り返し聞くといいでしょう。音に感覚を集中することで，より効果的に覚えることができます。

一度で完全に覚えられなくても気にしないで，繰り返し聞きましょう。記憶の定着度は繰り返す回数で決まり，繰り返し聞くことで覚えられるようになります。

音声のダウンロードのパスワードは，P.10に掲載されています。ダウンロードはパソコンで行うことができます。スマートフォンではダウンロードはできませんが，ストリーミング再生ができます。詳しくは東進WEB書店 http://www.toshin.com/books/ をご覧下さい。

もくじ

Contents

凡例

Explanatory notes

見出し語

米式つづりで表記しました。

略号

㊔名詞　動動詞　形形容詞　副副詞　接接続詞　前前置詞　助助動詞
間間投詞　冠冠詞　熟熟語　定定型文　略略語
(　) 省略可能　[　] 入れ換え可能
= 類義語　⇔ 反意語　…› 関連語

補足説明として，間違いやすいことや興味深いことを参考として示しました。

例文・句例

見出し語を赤字で示しました。
(　) は省略可能, [　] は直前の語 (句) と入れ換え可能であることを示します。

音声

見出し語と語義と例文を，読み上げました。
※音声ダウンロードについての詳細情報は「東進 WEB 書店」(http://www.toshin.com/books) でご確認下さい。

音声 Download

本書の見出し語・語義・例文のリスニング音声は WEB からダウンロードできます。詳細情報は「東進 WEB 書店」でご確認ください。

www.toshin.com/books

※音声ダウンロードについての詳細は上記のサイトをご参照ください。
※音声ダウンロードの際には，下記のパスワードが必要になります。

Password **TSKT750**

ESSENTIAL ENGLISH IDIOMS FOR
The Common Test for University Admissions

ROUND 1

STAGE 01-05

No.001–250
（250 idioms）

【頻出度】

★★★

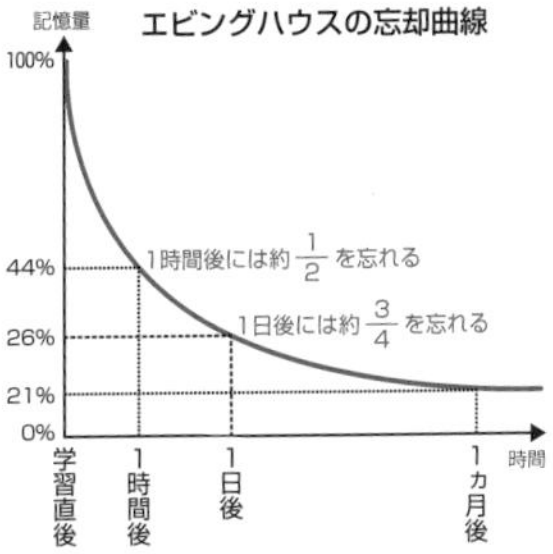

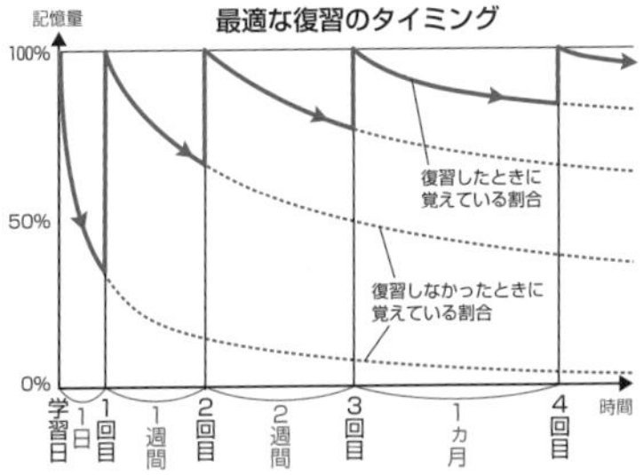

脳科学の研究によると，最も効果的な復習のタイミングは， **❶1回目…学習した翌日** **❷2回目…その1週間後** **❸3回目…そのまた2週間後** **❹4回目…そのまた1カ月後** であると言われています。右の表に学習した日付（または〇や✓など）を記入して，忘れがちな英単語を効率的に復習していきましょう。	STAGE	1回目	2回目	3回目	4回目
	01				
	02				
	03				
	04				
	05				

☐ 001
from *A* to *B*

A から *B* まで
…▸熟 from place to place（あちらこちらへ）☞No.517
熟 from time to time（時々）☞No.709
▶ *A* と *B* には同一名詞，あるいは関連名詞が入ることが多い。

☐ 002
have to *do*

～しなければならない
＝助 must（～しなければならない）
▶ 否定文 "don't have to *do*" は，「～する必要がない」という意味となるので注意。同義語 "have got to *do*" は助動詞と共に用いない。

☐ 003
a few

いくらかの～，〈数〉少しの～
…▸熟 only a few（ほんのわずかの～）
▶ few のみでは「ほとんどない」と否定的な意味になるので注意。

☐ 004
more than

～より多い
…▸熟 much more（ずっと多い）
熟 many more（ずっと多い）
▶ "more than ＋数詞" で「～以上」の意味。名詞(句)・形容詞・副詞・動詞の前に置いて「～では言い足りない，～どころではない」の意味になる。

☐ 005
a little

〈量〉少しの～
…▸熟 only a little（ほんのわずかの～）
▶ 不可算名詞が後に続く場合のみ。可算名詞の場合は "a few" を用いる。little のみでは「ほとんどない」と否定的な意味になるので注意。

☐ 006
for example

例えば
＝熟 for instance（例えば）☞No.184
熟 such as（～のような）＊文中で用いる ☞No.015
▶ example は instance，sample，case のうちで最も一般的な「例」という意味の語。"for instance" は具体的な論拠として取り上げる場合に使う。

☐ 007
a lot of

たくさんの～
＝熟 lots of（たくさんの～）
▶ "a lot of *A*" は可算名詞と不可算名詞の両方に使うことができる。

001 It's only an hour's walk from here to the lake.

▶**ここから湖まで**徒歩でたった１時間だ。

✔ from here to the lake ：ここから湖まで

☐ from door to door ：戸ごとに

☐ from beginning to end ：最初から最後まで

002 You have to keep your room clean.

▶あなたは部屋をきれいに**保たなければならない**。

✔ have to keep ：保たなければならない

☐ have to finish ：終わらせなければならない

003 The room was almost filled, but there were a few seats left. ▶その部屋はほとんど満員だったが，**いくつかの席**が残っていた。

✔ a few seats ：いくつかの席

☐ in a few days ：数日中に

004 Our teacher seems to have been ill more than two weeks.

▶**３週間以上**前から，私たちの先生は病気のように思える。

✔ more than two weeks ：３週間以上（※「２週間」は含まない）

☐ more than two books ：３冊以上の本

005 There is a little hope of his recovery.

▶彼の回復には**少しの見込み**がある。

✔ a little hope ：少しの見込み

☐ a little[×few] milk ：少しのミルク

☐ a little time ：少しの時間

006 Japan is full of beautiful cities, for example, Kyoto and Nara.

▶日本には多くの美しい都市がある。**例えば**，京都や奈良だ。

007 He saved a lot of money, so that he could buy a new house.

▶彼は**たくさんのお金**を貯めていたので，新しい家を買うことができた。

✔ a lot of money ：たくさんのお金

□ 008
each other
お互い(に)
=[熟] one another (お互い〔に〕) ☞No.151
[副] mutually (お互いに)
▶代名詞として，目的語や主語に使われることが多い。ただし，副詞のように訳されることがある。

□ 009
think of
～を思いつく；～のことを考える
=[熟] think about(～のことを考える)
…▶[熟] come up with (～を思いつく) ☞No.384
[熟] occur to (〔考えが〕〈人〉に浮かぶ)
▶「～を思いつく，思い出す」の意味の場合，通例 “can't” や “couldn't” と共に用いられる。“think about” は “think of” より「積極的に考える」というニュアンスを持つ。

□ 010
be to *do*
～することになっている
=[助] should (～するのが当然である)
▶予定や命令を表すことが多いが，「～できる」「～する運命になっている」「～したいと思うなら」「～するためのものだ」という意味もある。

□ 011
one day
ある日
=[熟] one fine day (ある日)
…▶[熟] some day (〔未来の〕いつか，ある日)
▶「(未来または過去の)ある日」という意味。同義語 “some day” は未来に限られる。“one fine day” も “one day” と同様の意味を示すが，天候とは無関係に使われることに注意。

□ 012
according to
～によれば；～に従って
…▶[熟] in accordance with (～に従って) ☞No.638
▶according は「一致して，したがって」という意味の副詞であるが，“according to” で前置詞的役割を果たす。通例，第三者や権威ある機関について使うため “according to me” とは言わない。

□ 013
because of
〈理由・原因〉～のために
=[熟] due to (～のために)
[熟] owing to (～のために) ☞No.248
[熟] on account of (～の理由で)
▶理由・原因を表す最も一般的な表現。“owing to” よりも口語的。

008 Tom and his brother don't resemble each other, do they?

▶トムと彼の兄弟は**お互いに似て**はいませんよね？

- ✔ **resemble each other**　：お互いに似ている
- ☐ **love each other**　：お互いに愛し合っている

009 What do you think of that story of his?

▶彼のあの話をどのように**考え**ますか？

- ☐ **think of anything to say**　：何か言うことを思いつく

010 He is to come here by six at the latest.

▶彼は遅くとも6時までにはここに**来ることになっている**。

- ✔ **be to come**　：来ることになっている
- ☐ **be to keep the law**　：法律は守るべきだ

011 One day she was leaving London to see her mother.

▶**ある日**，彼女は母を見舞うため，ロンドンを発とうとしていた。

012 According to the weather forecast, it will clear up this afternoon.

▶**天気予報によれば**，今日の午後には晴れるだろう。

- ✔ **according to the weather forecast**　：天気予報によれば
- ☐ **according to the evidence**　：その証拠によれば

013 I could hardly sleep because of the noise.

▶**その騒音のせいで**，私はほとんど眠れなかった。

- ✔ **because of the noise**　：その騒音のせいで
- ☐ **because of the crash**　：衝突事故のせいで

□ 014 **used to *do***	**～するのが常だった，以前は～だった** ➡状態動詞と共に用いたり現在と対比する時には，would ではなく "used to *do*" を使う。具体的な回数や期間を表す副詞句とは使えない。
□ 015 **such as**	**～のような** ＝[前] like（～のような） ➡前述した事柄の具体例を as 以下で示す熟語。
□ 016 **too ~ to *do***	**あまりに～なので…できない** [文] It is too cold to swim. ＝ It is so cold that we can't swim.（あまりに寒すぎて泳げない。） ➡ "to *do*" の前に "for *A*" と挿入することで，「*A* が…できない」と主語を示すことができる。
□ 017 **find out**	**～を発見する** ＝[動] discover（〔存在が知られていないもの〕を発見する） ➡「（隠された，または知られていない事実を）見つけ出す」という意味。「努力の末に探り出す，気がつく，知る」といったニュアンスがある。また，「正体を見破る」の意味でも使うことに注意。
□ 018 **at last**	**ついに，とうとう** ➡様々な努力・苦労を経て，望ましいことがようやく達成されるといったニュアンスを持つため，否定文では用いられない。
□ 019 **in order to *do***	**～するために** ＝[熟] so that *A* can（*A* が～できるように） [熟] so as to *do*（～するように）☞No.363 ➡ to 不定詞の副詞的用法・目的と同じ訳になる。
□ 020 **in fact**	**実際は；つまり** ＝[熟] as a matter of fact（実際のところ）☞No.368 [副] actually（実際に）　[熟] in reality（実際は） ➡ fact「事実」は通例可算名詞であり冠詞を伴うが，"in fact" の形をとる時は単数形で無冠詞となる。

014 I used to talk with him over a cup of coffee.

▶私はコーヒーを飲みながら彼と**話をしたものだった**。

015 Young people like "fast foods", such as instant noodles.

▶若者はインスタント**麺のような**,「ファーストフード」を好む。

☑ such as **noodles**
：麺のような

☐ such *A* as *B*[*A*(,) such as *B*]
：*B* のような *A*

016 The problem proved too difficult for me to solve.

▶その問題は私が**解決するには難しすぎる**ことがわかった。

☑ too **difficult** to **solve**
：解決するには難しすぎる

017 How did the doctor find out that she had a tumor?

▶その医者は，どうやって彼女に腫瘍がある**ことを発見した**のだろうか？

☑ find out **(that)節**
：…ということを発見する［がわかる］

☐ find out **about** *A*
：*A*〈人・物・事〉について情報を見い出す

018 At last we got hold of our friend.

▶私たちは**ついに**友達と連絡がついた。

019 You must work hard in order to pass the exam.

▶**その試験に合格するためには**，あなたは必死に勉強しなければならない。

☑ in order to **pass the exam**
：その試験に合格するために

☐ in order to **forget**
：忘れるために

020 They are very close. In fact, they plan to marry.

▶彼らはとても親密だ。**実際に**，結婚するつもりでいる。

TO BE CONTINUED [3/8] ➡

☐ 021
as if
まるで～かのように
＝[熟] as though（まるで～かのように）
➡ "as if" の後には，①SV を持つ節，②to *do* を置くことができる。①の場合，if 節内は基本的に事実と異なることを記述するので，仮定法を用いる。②の場合，「～するかのように」という意味。

☐ 022
come to *do*
～するようになる；～しに来る
＝[熟] learn to *do*（～するようになる）☞No.069
…▸[熟] come to ＋名詞（～へ来る，～に達する）
➡ 物・事が主語の場合，「結局～になる」というニュアンスで使われることがある。「～しに来る」の意味になり得ることにも注意。

☐ 023
all over
～中で［に］
…▸[熟] people all over the country（国中の人々）
➡ all は[前] over「～中」を強めている。この表現は空間的な範囲を表すもので，時間的に「～の間中（ずっと）」と言いたい時は[前] during，[接] while を使う。

☐ 024
no longer
もはや～ない
➡ 文中に用いられ，文全体が否定の意味になるので注意。類義語の "not ～any longer"「もう～ではない」は not の後に動詞がきて "any longer" は文末に置く。

☐ 025
even if
たとえ～でも
…▸[熟] even though（～であるけれども）
➡ 後には現実とは異なる状況，状態を置く。even は直後の if を強調。また，if 節の中の動詞は，現在形・過去形・過去完了形のいずれかとなる。

☐ 026
at first
最初は
＝[副] initially（〘文修飾〙初めは）
…▸[熟] for the first time（初めて）☞No.037
➡「最初は～であったが，後には～ではなくなった」という場合に用いられる。「第一に」「第二に」と物事を列挙する場合には用いられないことに注意。

021 He treated me as if I were a child.

▶彼は私を子供**のように**扱った。

022 How did you come to know her?

▶どのようにして彼女**と知り合いになった**のですか？

023 He is famous all over the world.

▶彼は**世界中で**有名だ。

☑ all over **the world**
：世界中で

☐ **search** all over
：くまなく探す

024 The antique shop in Tokyo no longer exists.

▶東京のその骨董品屋は**もはや存在していない。**

☑ no longer **exist**
：もはや存在していない

025 Even if my parents are against my wish, I will be a musician.

▶**たとえ**私の両親が私の望みに反対し**ても**，私はミュージシャンになる。

026 At first, human beings are physically very weak.

▶**最初は**，人間は肉体的にとても弱い。

TO BE CONTINUED [4/8] ➡

□ 027
give up
～をあきらめる，断念する
＝[動] abandon（を〔見〕捨てる）
➡ 代名詞を目的語にとる場合は，“give ～ up” とする。また，不定詞を目的語にとることはできないので注意。

□ 028
instead of
～の代わりに
…▸[熟] instead of *doing*（～しないで）
➡ of の後に目的語をとり，「～の代わりに」「～しないで」という意味になる。without *doing*「～しないで」とは異なり，“instead of” は前の語（句）と後の語（句）とが対照されている時に用いる。

□ 029
no one
誰も～ない
＝[代] nobody（誰も～ない）
➡ one〈人〉を no（～ない）で強く否定する。“no one ＋動詞の単数形” という形式で用いることもある。

□ 030
both *A* and *B*
***A* も *B* も両方とも**
⇔[熟] neither *A* nor *B*（*A* も *B* も～ない）
➡ *A* と *B* は同じ品詞の語，または同じ形の語を用いる。また，主語として用いる場合，その後の動詞は必ず複数形になる。否定文では「*A* と *B* の両方とも～というわけではない」という部分否定の意味になることにも注意。

□ 031
take care of
～の世話をする
＝[熟] look after（～の世話をする）☞No.074
[動] cherish（〔愛情を込めて〕を大切にする）
➡ 受身では “care is taken of *A* / *A* is taken care of” のいずれも可。

□ 032
spend *A* on *B*
***A*〈金など〉を *B* に費やす**
…▸[熟] spend money on（～にお金を使う）
➡ *A* には時間を表す単語がくることも多い。また “on *B*” は “for *B*” や *doing* の形をとることがある。

□ 033
these days
このごろ
＝[副] nowadays（このごろは）
[副] recently（最近）
…▸[熟] one of these days（近いうちに）
➡「（今を含む）このごろ」を表す。昔と比較して現在の状況を伝える表現なので現在形の動詞と用いられることが多いが，完了形と用いられることもある。類義語の recently は過去時制と現在完了時制で用いるので注意。

027 Why did you give up practicing the piano?
▶なぜあなたはピアノの**練習をあきらめた**のですか？

✔ give up *doing*
：～するのをあきらめる
☐ give up *one's* **dream**
：夢をあきらめる

028 Would you like to use candles instead of the lights?
▶電灯**の代わりに**ロウソクを使いませんか？

✔ *A* instead of *B*
：*B* の代わりに *A*

029 No one can master a foreign language in a few days.
▶**誰も**数日で外国語を習得**できない**。

✔ no one **can**
：誰も～できない
☐ No one **else came.**
：他には誰もこなかった。

030 The factory employs both male and female workers.
▶その工場は**男女両方の**労働者を雇っている。

✔ both **male** and **female** *A*
：男女両方の *A*

031 She was kind enough to take care of my baby.
▶彼女は親切にも**私の赤ちゃんの世話をして**くれた。

✔ take care of *A***'s baby**
：*A* の赤ちゃんの世話をする
☐ take care of **the garden**
：庭の手入れをする

032 As is often the case with scholars, he spends all his money on books. ▶学者にはよくあることだが，彼は**本に**全ての**お金を費やす。**

✔ spend **money** on **books**
：本にお金を使う

033 Why don't you come to see me one of these days?
▶**近いうちに**，遊びに来ませんか？

□ 034
so that ~
～するために，～するように
…→[熟] so ～ that ...(〔非常に〕～なので…)
▶ that節の中は文脈に合わせて助動詞can, may, willなどを用いる。目的を表す時は，否定語(～しないために)にも使える上，主節と主語が異なる場合にも使うことができる。また，that が省略される場合もある。

□ 035
come from
～の出身である
＝[熟] be from(～から来た)
…→[熟] be a graduate of(〔学校〕の出身である)
▶ come は，話し手のところへ「来る」または聞き手のところへ「行く」が本義であり，「離れて」が本義の from と合わさって「～の出身である」の意味となる。当該者が生きている間は，現在形で用いる。

□ 036
at (the) least
少なくとも
⇔[熟] at (the) most(せいぜい，多くても) ☞No.614
…→[熟] not less than〈数詞〉(少なくとも～)
▶ 通例修飾する語(句)の前後に置かれるが，後位修飾の方が強調的となる。least は little の最上級であり，比喩的に割合を表す語を目的語にとる at と合わさると，「少なくとも」の意になる。

□ 037
for the first time
初めて
⇔[熟] for the last time(これを最後に)
…→[熟] (the) first thing(まず第一に)
▶「初めて」という意味の副詞句だが，単に first という副詞だけでも同義をなす。

□ 038
look for
～を探す
＝[熟] hunt for(～を〔くまなく〕捜す)
…→[熟] search *A* for *B* (*B* を求めて *A*〈場所〉を探す)
例) search pockets for the key
▶ 最も一般的な「～を探す」を意味する表現。

□ 039
depend on
～に頼る；～次第だ
…→[熟] depend on *A* for *B* (*B* を *A* に頼る)
▶ on の目的語には人などがくる。

034 Work hard so that you can enter a good university.

▶良い大学に入れる**ように**一生懸命勉強しなさい。

☐ **so that**
：その結果，それで

035 He thought the man came from Georgia.

▶彼は，その男がジョージア州**の出身だ**と思った。

☐ **Where do you come from?**
：ご出身はどちらですか？

036 She can't get through the day without at least one cup of tea.

▶彼女は**少なくとも**１杯の紅茶を飲まずには１日を終えられない。

☐ **at least once a week / once a week at least**
：少なくとも週１回

037 I went back to my hometown for the first time in ten years.

▶１０**年間で初めて**，私はふるさとに戻った。

☑ **for the first time in *A* years**
：*A* 年間で初めて

038 The shop you are looking for is across the street.

▶あなたが**探している**店は通りの向こう側にあります。

☐ **look for a new job**
：新しい仕事を探す

039 Jimmy is a man whom you can always depend on.

▶あなたがいつも**頼る**ことができる男性はジミーだ。

☐ **depend on context**
：文脈に依存する，状況次第である

TO BE CONTINUED [6/8] ➡

□ 040
in the future
今後は，将来は
⇔[熟] in the past（かつては）
▶「未来においては」「今後においては」を意味する。"in the near future"「近い将来において」などという使い方もする。

□ 041
thousands of
何千もの～
…▸[熟] hundreds of（何百もの～）☞No.063
▶「千」を意味する thousand から，「何千の～，たくさんの～」を意味する。

□ 042
as well as
～と同様に，～だけでなく
▶ "*A* as well as *B*"「*B* と同様に *A* も」は *A* に重点があることに注意。

□ 043
get to
～に到着する
＝[動] reach（に着く）
[熟] arrive at（～に到着する）☞No.163
▶ to の目的語には場所が入る。

□ 044
as well
その上～も，～もまた
＝[副] too（～もまた）
[副] also（～もまた）

□ 045
in front of
～の前に
…▸[前] before（〔時・位置を表して〕～〔の〕前に）
▶ 主に建物などの「前」，という物理的な意味で用いる。

□ 046
grow up
成長する
＝[熟] be brought up（育つ）
[熟] be raised (up)（育てられる）
▶ 人，植物などに用いる。

□ 047
look like
～のように見える
＝[動] appear（～に見える）
[動] seem（～のように見える）
▶ この[前] like は「～のような」を意味する

040 I'll try to do better in the future.

▶**今後は**頑張ります。

041 Thousands of people are dying from hunger every day.

▶**何千もの人々**が，毎日飢餓で死にかけている。

✔ thousands of **people**
：何千もの人々

042 This machine will save you money as well as time.

▶この機械は**時間と同様にお金も**節約してくれる。

✔ **money** as well as **time**
：時間と同様に［だけでなく］お金も

043 By the time you get to the hotel, it will have become dark.

▶あなたがホテル**に到着する**までには，暗くなっているだろう。

044 He speaks English, and French as well.

▶彼は英語を話し，**その上**フランス語**も**話す。

045 He was standing in front of the door with his hand in his trouser pocket.

▶彼は手をズボンのポケットに入れたまま，**ドアの前に**立っていた。

✔ in front of **the door**
：ドアの前に

046 No one expected the boy would grow up to be a great scientist.

▶少年が**成長して**，偉大な科学者になるとは誰も予想しなかった。

047 Seen from a distance, the rock looks like a human face.

▶遠くから見ると，その岩は人間の顔**のように見える**。

☐ look like **a monster**
：モンスター［怪物］のように見える

□ 048 **tend to *do***	**～する傾向がある** ＝㊋ be inclined to *do*（～しがちだ） ㊋ be apt to *do*（～しがちだ）☞No.602 ㊋ be likely to *do*（～しそうだ）☞No.089 ➡ "tend toward *A*" では，「〔人・物・事が〕*A*〈性質・傾向など〉に傾きがちである」を意味する。
□ 049 **not always**	**いつも～であるとは限らない** …→㊋ not that（～というわけではない） ➡ 部分否定表現。
□ 050 **speak to**	**～に話しかける** ＝㊋ talk to（～に話しかける） …→㊋ speak with（～と話す） ➡ to の目的語には人がくる。

048 Everyone tends to hide his or her true age.

▶みんな自分の本当の年齢**を隠す傾向にある。**

049 I'm not always at home on Sundays.

▶私は日曜日に**必ずしも**家にいる**とは限らない。**

050 John spoke to me in English.

▶ジョンは私**に**英語で**話しかけた。**

☐ 051
in the middle of

～の真ん中に

➡ 空間的な意味のほかに，時間的な意味での「～の真ん中に」「～の最中に」という意味をなす。of の後は night, discussion, summer, vacation などがくる。

☐ 052
close to

～に近い [の近くに]；～と親しい

＝[前] near（～の近くに）

➡ 目的語には物・人をとり，距離が近いこと，関係が近いことを意味する。[形] intimate「親しい」も関係が親密なことを意味する点で同義。

☐ 053
What about ～?

〈提案・勧誘〉～はどうですか？

➡ "How about (*doing*) ～?"「～(するの)はどうですか？」と同義で提案に用いるが，"What about him?"「彼がどうかしたの？」という意味もある。

☐ 054
on the other hand

他方では，これに対して

＝[熟] but then (again)（しかしまた一方では）

➡ "on one hand" と呼応する場合，「一方では～，他方では～」という意味で用いられる。

☐ 055
put on

～を着る，～を身につける

⇔[熟] take off（～を脱ぐ）☞No.146

➡ "put on" は身につける動作，wear は身につけている状態のことを表す。

☐ 056
go on

起こる；続く

＝[動] happen（起こる）　[動] occur（起こる）
[動] continue（続く）

☐ 057
How about ～?

〈提案〉～(をして)はどうですか？

＝[文] What about (*doing*) ～?（～(するの)はどうか？）☞No.053

☐ 058
not ～ at all

全然～ない，少しも～ない

＝[熟] not ～ in the least（全く～ない）

➡ 否定を強調する表現。疑問文の応答などとしても用いられる。

051 Our car ran out of gasoline right in the middle of the main street.

▶私たちの車は**大通りのちょうど真ん中で**ガス欠になった。

✔ **in the middle of the main street**
：大通りの真ん中で

052 Shinsuke sat closer to the right aisle than Ken.

▶シンスケはケンよりも**右側の通路に近い**席に座った。

✔ **close to the right aisle**
：右側の通路に近い[通路の近くに]

053 What about a picnic in the park?

▶公園へピクニックに行くの**はどうですか?**

054 Food was abundant, but on the other hand, water was running short.

▶食料は豊富だったが，**他方では**水が不足しかけていた。

055 Put on your tie when attending a ceremony.

▶式典に出席する時は**ネクタイをつけ**なさい。

✔ **put on a tie**
：ネクタイをつける[しめる]

☐ **put on a pair of glasses**
：メガネをかける

056 What's going on in Tokyo?

▶東京では何が**起こっている**のですか?

057 How about going shopping at the department store?

▶デパートにショッピングに行くの**はどうですか?**

058 I don't mind waiting at all.

▶待つことは**全然かまわない**。

✔ **not mind at all**
：全然かまわない

TO BE CONTINUED [1/7] ➡

□ 059
a number of

〈数〉多くの～；いくらかの～
＝熟 a large number of（たくさんの～）☞No.167
熟 numbers of（たくさんの～）
形 many（多くの）
➡ 数の多さを言う場合に用いる。量の多さを言う場合は "a great deal of"。

□ 060
on earth

一体全体
＝熟 in hell（一体全体）
熟 the hell（〈俗語〉一体全体）
➡ 強調を意味する。

□ 061
as a result of

～の結果として
…→熟 with the result that（その結果～になる）
➡ of 以下には事柄などの名詞がくる。

□ 062
less than

～より少ない
⇔熟 more than（～より多い）☞No.004
➡ than 以下には比較の対象や数量を表す語がくる。

□ 063
hundreds of

何百もの～
…→熟 thousands of（何千もの～）☞No.041
➡「百」を意味する hundred を用いて，「何百もの～，たくさんの～」を表す。

□ 064
in that

～という点で
➡ 接 that は「～ということ」なので，that 以下には S V を持つ節の形がくる。in には「～において」の意味があり，"in this respect"「この点において」の "this respect" の位置に that 節を置いたものと考えればよい。

□ 065
and so on

～など
＝略 etc.（～など）　熟 and so forth（～など）
熟 and others（〈人に対して用いる〉～など）
➡ 文末で用いる。

□ 066
as much as

～と同量［同じ程度］（の）
…→熟 as much as *one* can *do*（〈人〉が～できる精一杯のこと）
熟 that much（それほど多く〔の〕）
➡ as 以下には基本的に節または名詞が続く。

059 A number of people like baseball better than any other sport.

▶**多くの人々**は，他のどのスポーツよりも野球が好きだ。

✔ a number of **people**
：多くの人々

060 What on earth did you go to such a place for?

▶**一体全体**なぜ君はそんな場所に行ったのか？

061 Misunderstanding arises as a result of speaking too frankly.

▶**率直に物を言い過ぎる結果として**誤解が生じる。

✔ as a result of **speaking too frankly**
：率直に言い過ぎる結果

062 The population of San Francisco is less than that of Tokyo.

▶サンフランシスコの人口**は**東京**より少ない**。

✔ *A* is less than *B*
：*A* は *B* より少ない

☐ no less than *A*
：*A*〈数量〉も，*A* ほど多くの

063 Hundreds of people were killed in the crash.

▶その衝突事故で**何百もの人々**が亡くなった。

✔ hundreds of **people**
：何百もの人々

☐ hundreds of **miles**
：何百マイルも

064 Man is unique in that he knows how to control energy.

▶人間は，エネルギーを制御する仕方**を知っているという点で**独特だ。

✔ in that *one* knows *A*
：(人) が *A* を知っているという点で

065 She sells old furniture, secondhand clothes, and so on.

▶彼女は古い家具**や**古着**など**を売っている。

✔ *A*, *B*, and so on
：*A* や *B* など

066 His airplane was polluting the environment as much as a volcano does.

▶彼の飛行機は火山**と同じくらい**環境を汚染していた。

□ 067 **get out of**	**～から出る** ＝熟 go out of（～から出る） ⇔熟 go into（～に入る）☞No.109 ▶ of の目的語には場所をとる。
□ 068 **not *A* but *B***	***A* ではなく *B*** …▸熟 not only *A* but (also) *B*（*A* ばかりではなく *B* も）☞No.169 ▶ *A*, *B* には様々な品詞，要素がきて，「*A* ではなく *B*」ということを強調するのに用いられる。
□ 069 **learn to *do***	**～するようになる** ＝熟 come to *do*（～するようになる）☞No.022 ▶ 何かをするうちに次第に「～するようになる」という意味。練習などをするうちに「～できるようになる」という意味もある。一方で，"come to *do*" は単純に「～するようになる」という意味。
□ 070 **wait for**	**～を待つ** ＝熟 wait for *A* to *do*（*A*〈人〉が～するのを待つ） …▸熟 look forward to (*doing*)（～〔すること〕を楽しみに待つ）☞No.081 ▶ for の目的語には人・事柄などをとる。
□ 071 **be worth *doing***	**～する価値がある** ＝熟 deserve to *do*（～するに値する） 熟 worth while *doing*[to *do*]（～する価値がある） ▶ *doing* は通常受身的な意味。
□ 072 **such ~ that …**	**大変～なので…** ＝熟 so ～ that ...（とても～なので…） ▶ 原則，"such 名詞 that ..."。類似の表現 "so ～ that ..." の so の後には形容詞・副詞がくる。
□ 073 **those who**	**～する人たち** …▸熟 those (who are) present（出席者） ▶「人々」を意味する those を who 以下で修飾することにより「～な人々」を意味する。
□ 074 **look after**	**～の世話をする** ＝熟 take care of（～の世話をする）☞No.031 熟 care for（～の世話をする） ▶ 原義は「～の後を見る」。

067 Senior citizens need opportunities to get out of the house more often.
▶高齢者はより頻繁に**家から出る**機会が必要だ。

✔ **get out of the house**
：家から出る

068 The important thing is not to win the game, but to take part in it.
▶大切なことは，試合に**勝つことではなく，参加すること**だ。

✔ **not to win, but to take part in**
：勝つことではなく，参加すること

069 He learned to like swimming.
▶彼は水泳が**好きになった**。

✔ **learn to like** ：好きになる

070 I was made to wait for her for another two hours.
▶私はもう**2時間**彼女**を待た**された。

✔ **wait for *A* for two hours**
：*A* を2時間待つ

☐ **wait for a haircut**
：散髪を待つ

071 Is this book really worth reading?
▶この本は本当に**読む価値がありますか**？

✔ **be worth reading**
：読む価値がある

☐ **be worth discussing**
：議論する価値がある

072 I had such a bad cold that I stayed home.
▶私は**大変ひどい風邪なので家にいた**。

✔ **such a bad cold that I stayed home**
：大変ひどい風邪なので家にいた

073 Heaven helps those who help themselves.
▶天は**自ら助くる者**を助く。《諺》

✔ **those who help themselves**
：自ら助くる者

074 She had to look after him for the rest of his life. ▶彼女は**彼**が死ぬまで**世話をし**なければならなかった。

✔ **look after him**
：彼の世話をする

□ 075
at the same time

一度に，同時に；その一方で
＝㊀ simultaneously（同時に）
㊞ at one time（同時に）
▶原義は「同じ時間に」。

□ 076
right now

今すぐに
＝㊞ right away（ただちに）☞No.514
㊞ at once（すぐに）☞No.095
㊞ right off（今すぐに）
▶right は強調を意味する。

□ 077
after all

やはり，結局
＝㊞ in the end（ついに）☞No.082
㊀ eventually（結局）
…▸㊞ at last（〔努力して〕ついに）☞No.018
▶原義は「全ての後に」。

□ 078
millions of

何百万もの～
…▸㊞ hundreds of（何百もの～）☞No.063
㊞ thousands of（何千もの～）☞No.041
▶㊔ million「百万」を用い，「何百万もの～」という意味をなす。三百万という場合は "three million"（× millions）。

□ 079
for the most part

大部分は，たいてい
…▸㊞ the best part of（～の大部分）

□ 080
on *one's* way

途中で
…▸㊞ in its own way（それなりに）
▶原義は「道の上で」。way の後に，to, from, home がつくことがある。to を用い，"on one's way to 場所" で目的地を示せる。

□ 081
look forward to (*doing*)

～（すること）を楽しみに待つ
▶原義は「前を見る」。to は前置詞なので，目的語は動名詞 *doing* あるいは名詞になり，動詞の原形にならないので注意。

075 I went to England and France at the same time.
▶私は**一度に**イギリスとフランスに行った。

076 We'd better start right now.
▶**今すぐに**出発するべきです。

077 He did not want to marry her after all.
▶彼は**やはり**彼女と結婚したくなかった。

078 Millions of people watched the TV program.
▶**何百万もの人々**がそのテレビ番組を見た。

✓ millions of **people**
：何百万もの人々

079 My friends, for the most part, went on to college.
▶私の友人**の大部分は**大学へ進学した。

✓ *A*, for the most part,
：*A* の大部分は

080 I had my purse stolen somewhere on my way home.
▶**帰宅する途中**のどこかで，私は財布を盗まれた。

✓ on *one's* way **home**
：帰宅する途中で

081 I am looking forward to hearing from her.
▶私は彼女から**便りがあることを楽しみに待って**いる。

✓ look forward to **hearing**
：便りがあることを楽しみに待つ

☐ look forward to **seeing you**
：あなたに会うのを楽しみに待つ

☐ 082
in the end

ついに，結局
＝熟 after all（結局）☞No.077
▶ end「最後」から，「最終的に」「結局」という意味。

☐ 083
ask *A* for *B*

A に *B* を求める
＝熟 ask for（～を求める）
熟 call for（～を呼び求める）
▶ *A* には人，*B* には求める物がくる。*A* を省略して "ask for *B*" の形で「～を求める」という意味でも用いる。

☐ 084
have difficulty (in) *doing*

～するのに苦労する
＝熟 have trouble (in) *doing*（～するのに苦労する）
▶ difficulty「困難」から，「～するのに苦労する」という意味をなす。

☐ 085
should have *done*

～するべきだったのに
▶「～すべきだったのに（実際はしなかった）」という意味。

☐ 086
a couple of

いくつかの～；２つの～
＝熟 a few（いくらかの～）☞No.003
▶ couple はもともと「２人組，１対」を意味するが，"a couple of" の形ではその意味が消え，「2，3の～」という意味で用いられる。

☐ 087
go on *doing*

～し続ける
＝熟 keep on *doing*（～し続ける）☞No.090
▶ on は継続を意味する副詞。

☐ 088
after a while

しばらくして
＝熟 after some time（後になって）
▶ "a while"「しばらくの間の時間」から，「しばらくして」という意味をなす。

☐ 089
be likely to *do*

～しそうだ
⇔熟 be unlikely to *do*（～しそうにない）
▶ 外見などから予測する場合に用いられる。

082 What happened to the house in the end?

▶**結局**，その家はどうなったのですか？

---

083 Why did the author ask Margaret for her picture?

▶なぜ著者は**マーガレットに写真を求め**たのですか？

☑ ask **Margaret** for **her picture**
：マーガレットに写真を求める

---

084 I had difficulty in finding the new house.

▶私はその新しい家**を見つけるのに苦労した**。

☑ have difficulty in **finding** *A*
：*A* を見つけるのに苦労する

---

085 You should have seen the program last night.

▶昨晩，あなたは**その番組を見るべきだったのに**。

☑ should have **seen the program**
：その番組を見るべきだったのに

☐ should have **telephoned**
：電話すべきだったのに

---

086 We went to Nara, where we stayed for a couple of days.

▶私たちは奈良に行き，そこに**2，3日**滞在した。

☑ a couple of **days**
：2，3日

☐ a couple of **times**　：数回

---

087 They went on talking and became quite friendly.

▶彼らは**話し続けて**かなり仲良くなった。

☑ go on **talking**
：話し続ける

---

088 He came back after a while.

▶彼は**しばらくして**戻ってきた。

---

089 His ambition is likely to be realized.

▶彼の夢は**達成されそうだ**。

☑ be likely to **be realized**
：達成されそうだ

□ 090
keep on *doing*

～し続ける；しきりに～する
＝㊙ go on *doing*（～し続ける）☞No.087
㊙ keep *doing*（～し続ける）
➡ on は省略可能だが，on を用いる方がより「しつこく続ける」ニュアンスがある。

□ 091
over and over (again)

何度も繰り返して
＝㊙ repeatedly（繰り返して）
㊙ many times（何度も）
➡「何度も何度も」という繰り返しを強調した表現。

□ 092
as long as

〈時間〉～する限り；～の間
＝㊙ so long as（～する限り；～の間）
⋯➡㊙ as far as（～の限り）☞No.217
➡ as 以下には節が続き，「〔時間的に〕～する限り」「〈条件〉～しさえすれば」という副詞節をなす。

□ 093
for *oneself*

自分で；自分のために
⋯➡㊙ by *oneself*（自分で）☞No.223
➡「自分で」の意味では “by *oneself*” と同義。

□ 094
had better *do*

～した方がよい
＝㊙ should（～するべきである）
㊙ ought to（～するべきである）
➡ 命令的な表現なので，目上の人などには通例 “ought to *do*”, “should *do*” を用いる。否定形は “had better not *do*”。

□ 095
at once

すぐに；同時に
＝㊙ immediately（ただちに）
㊙ instantly（即座に）
⋯➡㊙ at once ～ and ...（～であると同時に⋯）
➡ 同義語 “right away” より堅い表現。

□ 096
manage to *do*

～をなんとかやり遂げる，どうにかして～する
＝㊙ succeed in (*doing*)（～〔するの〕に成功する）☞No.204
㊙ accomplish（を達成する）
➡ 通例 can などは用いない。

090 They kept on looking for the box.

▶彼らはその箱**を探し続けた**。

✓ keep on **looking for** *A*
：*A* を探し続ける

091 I think it's worth listening to over and over again.

▶それは**何度も繰り返して**聞く価値があると思う。

092 I'll never forgive him as long as I live.

▶**生きている限り**，私は彼を決して許さない。

✓ as long as **I live**
：生きている限り

093 Look up the word in the dictionary for yourself.

▶その単語の意味を**自分で**辞書で調べなさい。

094 You had better not tell him the truth.

▶彼には本当のことを言わない**方がいい**。

095 "Must I start at once?" "No, you don't have to."

▶「**すぐに**始めるべき？」「いや，そうする必要はない。」

096 He managed to find out the exact number of bats.

▶彼は，コウモリの正確な数**を明らかにすることをなんとかやり遂げた**。

✓ manage to **find out** *A*
：*A* を明らかにすること
をなんとかやり遂げる

□ 097
along with

～と一緒に；～のほかに
＝[熟] together with（～と一緒に）
▶ along は「～と一緒に」「～と連れ立って」を意味する。with の目的語に人・物・事をとる。

□ 098
in spite of

～にもかかわらず
＝[前] despite（～にもかかわらず）
[接] though（～にもかかわらず）
[接] although（～にもかかわらず）
▶ 目的語には名詞がくる。同義語 despite の方が堅い表現。

□ 099
be interested in

～に興味がある
＝[熟] have an interest in（～に興味がある）
[熟] be curious to *do*[about]（～したがる［～について］好奇心が強い）
▶ [動] interest「に興味を持たせる」の受け身の形。in の目的語には興味の対象の物・人・事がくる。

□ 100
all the time

その間ずっと
＝[熟] all the while（その間中）
…▶[前] during（の間中）
▶ 前述の内容を受ける。単純に「〔時間的に〕～の間」を表す場合，during ～〈期間〉などを用いることもできる。

097 Along with the telephone, cars have had a great influence on modern life.

▶**電話と共に**車は現代の生活に大きな影響を与えてきた。

☑ along with **the telephone**
：電話と共に

---

098 In spite of hard work, he remained poor as ever.

▶**ハードワークにもかかわらず**，彼はずっと貧乏なままだった。

☑ in spite of **hard work**
：ハードワークにもかかわらず

☐ in spite of **the injury**
：怪我したにもかかわらず

---

099 He is not interested in politics at all.

▶彼は**政治には**全く**興味がない**。

☑ be **not** interested in **politics**
：政治に興味がない

☐ be interested in **tricks**
：いたずらに興味がある

---

100 The baby kept silent all the time.

▶その赤ん坊は**その間ずっと**静かにしていた。

STAGE 02
0001 050 100 150 200 250 300 350 400 450 500 550 600 650 700 750

□ 101
spend *A* (in) *doing*

～することに *A*〈時間〉を費やす
…→[熟] spend *A* on *B*（*A*〈金など〉を *B* に費やす）
☞No.032
▶ *A* に時間がくる場合「～して *A*〈時間〉を過ごす」の意味。*A* がお金の場合「～することに *A*〈お金〉を使う」という意味。

□ 102
the same *A* as *B*

B と同じ *A*
…→[熟] the identical（全く同じ）
▶ *A*, *B* いずれにも名詞がくる。

□ 103
go away

立ち去る
＝[熟] walk away（立ち去る）
…→[熟] run away（走り去る）　[動] escape（逃げる）
▶「〔主に休暇で〕出かける」のほか，「〔事柄が〕重要でなくなる」という意味でも用いる。

□ 104
feel like *doing*

～したい気がする
…→[熟] feel like（～が欲しい気がする）
[熟] want to *do*（～したい）
▶「～したい気がする，～したい気持ちだ」という意味。単に「～したい」という意味では "want to *do*"。また，*doing* の代わりに名詞をとって「～が欲しい気がする」という意味でも用いる。

□ 105
A* rather than *B

B よりむしろ *A*
…→[熟] would rather *A* than *B*（*B* するよりむしろ *A* したい）
▶ *A*, *B* には文法上同等のものがくる。*A*, *B* に動詞がくる場合，"would rather *A* than *B* で「*B* するよりむしろ *A* したい」の意味となる。

□ 106
thank *A* for *B*

A〈人〉に *B* のお礼を言う
…→[動] appreciate（〔人以外のもの〕に感謝する）
▶ thank「に感謝する」「に礼を言う」と for からなる。*A* には人，*B* には理由を表す名詞・動名詞がくる。

101 I spend Sundays playing tennis.

▶私は日曜日に**テニスをして過ごす**。

- ✔ spend *A* playing tennis
  ：テニスをして *A* を過ごす
- ☐ spend time working
  ：仕事に時間を費やす

102 This is the same computer as mine.

▶これは**私のと同じコンピューター**です。

- ✔ the same computer as mine
  ：私のと同じコンピューター

103 Bats were living in the barn and would not go away.

▶コウモリが小屋に住んでいて，**飛び去ろう**としなかった。

104 I don't feel like eating at home tonight.

▶今晩は家で**食事をしたい気分**ではない。

- ✔ feel like eating
  ：食事をしたい気分だ

105 I'll watch TV rather than study.

▶私は**勉強をするよりむしろテレビを見る**つもりだ。

- ✔ watch TV rather than study
  ：勉強するよりむしろテレビを見る

106 Thank you for the invitation.

▶ご招待**いただきありがとうございます**。

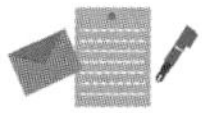

TO BE CONTINUED [1/8] ➡

□ 107
stay at

(場所)**に泊まる**
＝[熟] stay in（～に泊まる）
[熟] put up at（～に泊まる）
➡ at の目的語には場所の名詞がくる。泊まる対象を点で捉える場合には at,「～の中に」で捉える場合には in を用いる。なお,「〈人〉のところに泊まる」の場合は "stay with 〈人〉"。

□ 108
be supposed to *do*

～することになっている
…→[熟] be to *do*（～することになっている）☞No.010
➡「～することになっている」「～するはずである」「～しなければならない」の意味で用い，否定形では「～してはいけない」の意味をなす。

□ 109
go into

～を調査する，～に入る
＝[動] investigate（を調査する）
[動] examine（を調べる）
[熟] look into（～を調査する）☞No.239
…→[熟] step into（～に入る；～に介入する）
➡ into の目的語には調べる対象の名詞（句）がくる。同義語 investigate は犯罪・事故・問題などを組織的に調べる際に用いる。

□ 110
as soon as

～するとすぐに，～するやいなや
＝[熟] right after（～するとすぐに）
[熟] on *doing*（～するとすぐに）
➡ 後の節には未来の事柄であっても現在形を用いるので注意。

□ 111
do with

～を処理する
…→[熟] can't do with（～を我慢できない）
➡ with の目的語には人・物・事をとる。"deal with" の方が一般的。また，can't, couldn't などと共に用いると「～を我慢できない，～に耐えられない」を意味する。

□ 112
behind *one's* back

密かに，内緒で
＝[副] secretly（秘密に）
⇔[熟] to *one's* face（～に面と向かって）
➡ 原義は「～の背中の後ろで」→「～に知られないように」。

07 If you stay at the big hotel, you can use its swimming pool.

▶もしあなたがその**大きなホテルに泊まれ**ば，あなたはそこのスイミングプールを利用できます。

☑ **stay at a big hotel**
：大きなホテルに泊まる

08 The bus is supposed to arrive on time.

▶そのバスは**時刻通りに到着することになっている**。

☑ **be supposed to arrive on time**
：時刻通りに到着することになっている

09 I must go into the evidence.

▶私は**証拠を調査し**なければならない。

☑ **go into the evidence**
：証拠を調査する

110 I called him back as soon as I came back.

▶**帰ってきてすぐ**彼に電話をしました。

☑ **as soon as *A* comes back**
：*A* が帰ってきてすぐ

☐ **as soon as *A* arrives**
：*A* が到着してすぐ

111 What did you do with that old bicycle?

▶あの古い**自転車を**どう**処理した**のですか？

☑ **do with the bicycle**
：自転車を処理する

☐ **do with difficulty**
：困難を処理する

112 He always says bad things about others behind their backs.

▶彼はいつも**内緒で人の悪口を言う**。

☑ **say bad things about others behind *one's* back**
：内緒で人の悪口を言う

TO BE CONTINUED [2/8] ➡

□ 113
bring about

～を引き起こす，～をもたらす
＝[動] cause（の原因となる）
[熟] lead to（～をもたらす）☞No.155
➡ about の目的語には，結果としてもたらされた事柄の名詞がきて「〔徐々に〕～を引き起こす」の意味なる。類義語 cause は原因の主語をよりはっきりと明示するニュアンスがある。類義語 "lead to ～" は「〔主語が〕～という結果につながる」という意味で用いられる。

□ 114
write to

～に手紙を書く
⇔[熟] hear from（～から便り［電話］がある）☞No.284
➡ write には「手紙を書く」という意味があり，to の目的語には人をとる。

□ 115
deal with

～を扱う；～に対処する
＝[動] treat（を扱う） [動] handle（を取り扱う）
➡ with の目的語には問題，事件などがくる。また，人・書物などが「～を〔話題として〕扱う，論じる」という意味や，人・会社などを目的語にとって「～と取引をする」という意味もある。

□ 116
in public

人前で；公然と
＝[副] publicly（公に）
⇔[熟] in private（非公式に；内密に）
➡ public は「公の」「公衆の」「公然の」を意味する。

□ 117
would like to *do*

～したい
…→[熟] would like *one* to *do*（〈人〉に～してもらいたい）
➡ "want to *do*" の丁寧な形。"Would you like *A* [to *do*] ～？" で「*A* は（～するのは）いかがですか？」という丁寧な質問文・勧誘文となる。

□ 118
would rather *do*

むしろ～したい
＝[熟] prefer *A*[*doing*] to *B*[*doing*]（*B* より *A* を好む）☞No.170
…→[熟] would rather *A* than *B*（*B* よりむしろ *A* したい）
➡「～よりも」を示す場合は "than *do*" を用いる。否定形は "would rather not *do*"（× wouldn't rather *do*）。

113 The progress of science was brought about by them.

▶**科学の進歩は**彼らによって**引き起こ**された。

☑ bring about **the progress of science**
：科学の進歩を引き起こす

---

114 He tried to write to her, but he couldn't.

▶彼は彼女**に手紙を書こうとした**が，できなかった。

☑ **try to** write to *A*
：*A* に手紙を書こうとする

---

115 Several countries have begun to take steps to deal with smoking problems.

▶数カ国が**喫煙問題に対処する**手段を講じ始めている。

☑ deal with **smoking problems**
：喫煙問題に対処する

---

116 I have never heard him sing in public.

▶私は彼が**人前で歌う**のを一度も聞いたことがない。

☑ **sing** in public
：人前で歌う

☐ **be used to speaking** in public
：人前で話すことに慣れている

---

117 I'd like to go swimming.

▶私は**泳ぎに行きたい**。

☑ would like to **go swimming**
：泳ぎに行きたい

☐ would like to **make friends**
：友人を作りたい

---

118 I would rather stay here.

▶私は**むしろここに残っていたい**。

☑ would rather **stay here**
：むしろここに残っていたい

TO BE CONTINUED [3/8] ➡

□ 119 **take part in**	**〜に参加する** ＝㊛join（に参加する） ㊛participate in（〜に参加する）☞No.391 ▶原義は「一部（part）を取る（take）」。in の目的語には事業，大会，スポーツなどがくる。類義語 join は団体，クラブなどに「加入する」という意味で用いる。
□ 120 **(as) compared with**	**〜に［と］比べれば，〜と比較して** ＝㊛(as) compared to（主に《米》〜と比べると） ㊛by contrast with（〜と比べて） ▶分詞構文の Being が省略された形で，with の目的語には比較の対象がくる。“by[in] contrast with[to]”「〜に比較して，〜と比べると」と同義。いずれの表現も比較表現と併用できない。
□ 121 **happen to *do***	**偶然〜する** …▶㊛by chance（偶然に）☞No.379 ㊛by accident（偶然に）☞No.615 ▶進行形は不可。また，幸運·不運のいずれにも用いる。
□ 122 **pay *A* for *B***	***B* の代金として *A*〈金額〉を払う** …▶㊛pay for（〜の代金を払う） ▶*A* を省略した表現 “pay for *B*”「*B* のためにお金を払う」もある。
□ 123 **get on**	**仲良くやっていく；**（乗り物）**に乗る** ＝㊛get along with（〜とうまくやっていく）☞No.187 …▶㊛make friends with（〈人〉と仲良くなる）☞No.338
□ 124 **for a moment**	**ちょっとの間** …▶㊛for a while（しばらくの間）☞No.333 ▶原義は「一瞬（moment）の間」。“for a while”「しばらくの間」は，より長い時間を意味する。
□ 125 **base *A* on *B***	***A* を *B* に基づかせる** …▶㊛*A* is rooted in *B*（*A* は *B* に基づいている） ㊛build *A* on *B*（*A* を *B* に基づかせる） ▶受動態で，“*A* is based on *B*”「*A* は *B* に基づいている」の意で用いられることが多い。

119 Let's take part in the competition.
▶その**競争に参加し**ましょう。

✔ take part in the competition
：競争に参加する

120 Compared with his brother, he is not so good at English.
▶彼の**兄弟に比べれば**，彼は英語がそれほどうまくない。

✔ compared with *one's* brother：兄弟に比べれば

121 He happened to receive a fat airmail envelope from abroad.
▶彼は**偶然**，外国からの分厚い**航空便**用封筒**を受け取った**。

✔ happen to receive an airmail
：偶然航空便を受け取る

122 I paid two hundred yen for the pen.
▶私は**ペンに 200 円払った**。

✔ pay two hundred yen for the pen
：ペンに 200 円払う

123 My next-door neighbor and I get on well together.
▶私と私の隣人は**仲良くやっている**。

✔ get on well together
：お互い仲良くやっている

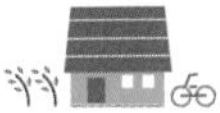

124 They stayed there for a moment, but then fell off.
▶彼らは**ちょっとの間**そこにとどまったが，落ちてしまった。

125 Science is based on very careful observation.
▶科学は**非常に注意深い観察に基づいて**いる。

✔ be based on very careful observation[research]
：非常に注意深い観察〔入念な調査〕に基づいている

□ 126
take place

起こる
＝[熟] break out（勃発する） ☞No.228
[動] happen（起こる） [動] occur（起こる）
▶ 通例予定されたことに対して用いられるが，偶然の場合にも用いられる（=occur, happen）。

□ 127
belong to

～に属する
▶ to の目的語には団体・組織などの名詞がくるが，学校や会社には用いない。「会社に勤めている」は "work for a company"，「大学生だ」は "be a university student"。

□ 128
have no idea

全然わからない
＝[熟] know nothing of（～が全然わからない）
▶ 原義は「全く考え (idea) がない」。

□ 129
That's too bad.

お気の毒に。；それは残念だ。
＝[文] That's a pity.（それは残念だ。）
▶ that 節を続けると「～だとは残念だ」という意味をなす。反語的に「いい気味だ」の意味で用いられることもある。

□ 130
all day (long)

一日中
＝[熟] a whole day（まる一日）
…▸[熟] day and night / night and day（昼も夜も）
▶ "all the day" は基本的に「〔特定の〕一日中」の意味で用いられるが，《英》では "all the day" も "all day (long)" の意味。

□ 131
make sure

～であることを確かめる
＝[動] confirm（を確かめる）
▶ 目的語に wh 節をとった場合「～なのかを確かめる」という意味。「～について確認する」という意味では "make sure of *A*"。また，目的語が that 節または "to *do*" の場合「確実に～する，必ず～するように手配する」という意味もある。

□ 132
stay with

～の家に泊まる
…▸[熟] stay at[in] a hotel（ホテルに泊まる）
▶ with の目的語には人がきて，「～〔のところ〕に泊まる」という意味。 "stay at[in]" は単に「〈場所〉に泊まる」という意味。

126 Do you know when the event took place?

▶いつそのイベントが催されたか，あなたは知っていますか？

✔ the event takes place
：イベントが催される

127 I belong to the music club.

▶私は音楽部に属している。

✔ belong to the music club
：音楽部に属する

128 I had no idea which way to go.

▶私にはどっちの道に進むべきか全然わからなかった。

☐ have no idea where to go
：どこに行けばいいかわからない

129 "I have a headache." "Oh, that's too bad."

▶「頭痛がするのです。」「お気の毒に。」

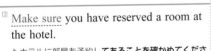

130 Someone left the door open all day.

▶１日中誰かがドアを開けっ放していた。

131 Make sure you have reserved a room at the hotel.

▶ホテルに部屋を予約してあることを確かめてください。

☐ make sure of the facts
：その事実について確かめる

132 I will stay with my uncle for a couple of days next week.

▶私は来週２，３日おじの家に泊まるつもりです。

✔ stay with my uncle
：おじの家に泊まる

TO BE CONTINUED [5/8] ➡

☐ 133
a good deal of

たくさんの〜

＝㊞ a great amount of（たくさんの〜）
㊞ a lot of（たくさんの〜）☞No.007

▶ of の目的語には不可算名詞がくる。good は great に言い換え可能。なお，「〔個数が〕大量の」の場合 "a [great] number of" であり，"lots of", "a lot of" は量・個数のいずれの場合にも用いられる。

☐ 134
a kind of

一種の〜，〜のようなもの

＝㊞ a sort of（一種の〜）

▶ kind は「種類」を意味する。of の目的語は通例無冠詞の単数名詞だが，a がつく場合もある。

☐ 135
all the way

はるばる；ずっと

…➡㊞ all the way from *A* to *B*（《米》*A* から *B* までいろいろと）

▶ "all the way (from *A* to *B*)" の形で「(*A* から *B* まで) はるばる，わざわざ」という意味の副詞句をなす。「始めから終わりまで」や「完全に」という意味もある。

☐ 136
every time

〜する時はいつでも

＝㊞ each time（〜する時はいつでも）
㊞ whenever（〜する時はいつでも）

▶ 接続詞として副詞節を作る。

☐ 137
on time

時間通りに

＝㊞ on schedule（予定通りに）
㊞ punctually（時間通りに）

▶ "in time"「間に合って」と混同しないように注意。類義語 punctually は主に人が主語の時使う。

☐ 138
take pains

骨を折る，苦労する

＝㊞ go to pains（骨を折る，苦労する）

▶ pain は「痛み」を意味する。with[over] 〜で「〜に苦労する」「〜に精を出す；〜に気を使う」を表す。また，"to *do*", "*doing*" を続けて「〜するのに苦労する；精を出して〜する」の用法もある。

133 Turning left or right required a good deal of muscle power.

▶右や左に曲がるには**たくさんの筋力**を要した。

✔ **a good deal of muscle power** ：たくさんの筋力

134 That man is a kind of gentleman.

▶あの男の人は**紳士のような人**だ。

✔ a kind of **gentleman** ：紳士のような人

135 I went all the way to see my doctor.

▶私は**わざわざ**かかりつけの医者に診てもらいに行った。

☐ **We're with you** all the way. ：最後まで一緒にがんばりましょう。

136 You must show your ID card every time you get through the gate.

▶**門を通る時はいつでも**身分証明書を見せなければならない。

✔ every time *one* **gets through the gate** ：門を通る時はいつでも

☐ every time *one* **goes to the supermarket** ：スーパーマーケットに行くと必ず

137 The train arrived at Tokyo Station on time.

▶その電車は東京駅**に時間通りに到着した**。

✔ arrive at *A* on time ：時間通りに *A* に到着する

☐ leave on time ：時間通りに出発する

138 She took great pains with her work.

▶彼女は仕事で**大いに苦労した**。

✔ take **great** pains ：大いに苦労する

☐ take pains **with** *one's* **appearance** ：服装にずいぶん気を使う

STAGE 03

□ 139
look up

～を調べる
…→㊵ consult a dictionary（辞書を引く）
■▶「(単語を辞典などで) 調べる」ことを表す際に用いる。“look up” にはほかに「上向きになる」「見上げる〔at,to ～〕」「〔to〈人〉の形で〕～〈人〉を尊敬する」などの意味もあるので注意。

□ 140
at the age of

～歳の時に
…→㊵ for *one's* age（歳の割に）
㊵ be of *one's* age（～と同い年である）
■▶ at〈ある時点〉と age「年齢」からなる。of の目的語には数詞〈年齢〉がくる。“when 人 was 数詞” と書き換え可。

□ 141
make use of

～を利用する
＝㊍ utilize（を利用する）
…→㊵ make the most of（～を最大限に活用する）
☞No.576
■▶ of の目的語には使う対象，利用する対象の名詞（句）がくる。

□ 142
a variety of

様々な～
＝㊎ various（様々な）
■▶ 原則，“a variety of” の後には物や人を表す複数名詞を伴う。

□ 143
and yet

それでも，しかしながら
＝㊏ however（しかしながら）
■▶ 単純に but や however を使うよりも対比の意味が強く，前述の内容と対照的な内容を言う場合に用いられる。“but yet” とも表現される。

□ 144
in time for

～に間に合って
…→㊵ catch the bus（バスに間に合う）
■▶ for の目的語には食事，授業，待ち合わせなどがきて，一定の時間〈期限〉に間に合うことを表す。なお，“on time”「時間通りに，スケジュール通りに」は意味が異なるので注意。

□ 145
throw away

～を捨てる
…→㊵ do away with（～を廃止する） ☞No.569
㊵ get rid of（～を取り除く） ☞No.236
■▶ throw「投げる」と away「遠くへ」から，「〔物〕を捨てる（=discard），投げ捨てる」，比喩的に「〔機会，お金など〕をふいにする，無駄に費やす」という意味をなす。

139 Look up the word in the dictionary for yourself.

▶その単語を自分で辞書で調べなさい。

- ✔ look up the word：単語を調べる
- ☐ look *A* up in the telephone book：*A* を電話帳で調べる

140 At the age of twenty-one, he injured his backbone.

▶21 歳の時に，彼は背骨を痛めた。

- ✔ at the age of twenty-one：21 歳の時に

141 They insisted on my making use of the opportunity.

▶彼らは，私がその機会を利用することを強く求めた。

- ✔ make use of the opportunity：機会を利用する
- ☐ make good use of *A*：*A* を十分に利用する

142 Students were ready with a variety of questions.

▶学生たちは様々な質問事項を用意していた。

- ✔ a variety of questions：様々な質問事項
- ☐ in a variety of ways：様々な方法で

143 I offered him money, and yet he was not satisfied.

▶私は彼に金を出すと言ったが，それでも彼は満足しなかった。

144 I got up so early as to be in time for the train.

▶私は列車に間に合うくらい早く起きた。

- ✔ be in time for the train：列車に間に合う
- ☐ be in time for the dinner：夕食に間に合う

145 My mother threw my books away.

▶母は私の本を捨てた。

- ✔ throw a book away：本を捨てる

□ 146
take off

離陸する；～を脱ぐ
⇔㊍ land（着陸する）
㊥ put on（～を着る）☞No.055
➡ off は「離れて」を意味する。from ～で出発地，for ～で目的地を示す。また，“take ～〈期間など〉 off” で「～の間の休暇を取る」という意味をなす。

□ 147
carry out

～を実行する
＝㊍ fulfill（を実現する）
㊥ put ～ into practice（～を実行する）☞No.645
㊍ execute（を実行する）
➡ 目的語には計画・約束・義務・命令などを表す名詞句などがきて，「～を〔指定，要請通りに〕実行する，実現する，遂行する」の意味を表す。

□ 148
you know

～でしょ，～だよね
＝付加疑問文「～ですね」
➡ 通例文末に用い，周知の事実について同意を求めたり，話の内容や相手の理解を確認する。付加疑問文も同義で用いる。また，文頭で用いる場合は呼びかけや後続の表現をやわらげる際や「ところで」の意味でも用い，文中での場合は「あの…，えーと…」などと発話の間合いをつないだりするのにも用いる。

□ 149
share *A* with *B*

A を *B* と共有する
…㊔ sharer（共有者）
㊥ have *A* in common（*A* を共有している）☞No.215
➡ *A* には共有する物・事，*B* には共有する相手がくる。文字通り「共有する」と訳すほか，「わかち合う」「一緒に使う」「共通に持っている」などの意味になる。

□ 150
have an effect on

～に影響を与える
＝㊥ have an effect upon（～に影響を与える）
㊥ have (an) influence on（～に影響を及ぼす）
➡ effect「効力」「影響」と on[upon]〈対象範囲〉からなる。

146 I took off my clothes to take a shower.

▶シャワーを浴びるために，私は**服を脱いだ**。

✔ **take off** *one's* **clothes**
：服を脱ぐ

☐ **the airplane takes off**
：飛行機が離陸する

147 Whether you like it or not, you must carry out the plan.

▶たとえ好きであろうがなかろうが，**その計画を実行し**なければならない。

✔ **carry out the plan**
：計画を実行する

☐ **hard to carry out**
：実行するのが難しい

148 Chopin was a pianist, you know.

▶ショパンはピアニストでした**ね**。

149 I offered to share my room with him.

▶私は彼**と部屋を共有する**と申し出た。

✔ **share a room with** *A*
：*A* と部屋を共有する

150 Cars have had (a) great effect on modern life.

▶車は**現代の生活に**大きく**影響して**きた。

✔ **have an effect on modern life**
：現代の生活に影響を与える

□ 151
one another
お互い(に)
＝[熟] each other (お互い〔に〕) ☞No.008
➡ one「(ある)人」と another「もう一人」からなる。副詞としてだけでなく代名詞としても用いられ，他動詞・前置詞の目的語となる。(○ They smiled at one another. × They smiled one another.)。2者にも3者以上にも用いる。

□ 152
so far
今までのところ
＝[熟] up to now (今まで)
[熟] until now (今まで)
[熟] thus far (これまでのところ)
⇔[熟] from now on (これからずっと)
➡ 通例現在完了形と用いるが，現在形・過去形と用いることもある。文頭・文末・have と過去分詞の間で用いる。

□ 153
write down
～を書き留める
…▸[熟] take down (～を降ろす；～を書き取る)
[動] note (を書き留める)
➡ 目的語には名詞句のほか，that 節 (～ということを)，wh 節 (～なのかを) もくる。"take down" も同じ意味で用いるが，"write down" や単純に take という言い方の方が普通。

□ 154
move to
(場所) へ引っ越す
…▸[熟] move into (〔建物〕へ引っ越す)
[熟] move in[out] (移り住む [引っ越して出て行く])
➡「移動する」→「引っ越す」と派生した move を用いた成句で，to の後には引っ越し先の場所がくる。特に建物を目的語にとる場合は，to の代わりに into を用いることも多い。

□ 155
lead to
～をもたらす；～に通じる
…▸[熟] lead *A* to *B* (*A* を *B* に導く)
➡「～が～という結果につながる」という意味で，to には結果となる名詞句や *doing* がくる。

□ 156
cut down
(費用など) を切りつめる
＝[熟] cut back (〔費用など〕を縮小する)
➡ cut「を削除する」と down「下げて」からなる。

151 They don't talk to one another.

▶彼らは**お互いに話をし**ない。

✔ **talk to** one another
：お互いに話す

52 So far, John has been the best student in our English class.

▶**今までのところでは**，ジョンが英語の授業で一番良くできる生徒である。

53 You should have written it down.

▶それ**を書き留める**べきだったのに。

54 It is two years since Jack moved to New York.

▶ジャックが**ニューヨークに引っ越し**てから，２年が過ぎた。

✔ move to **New York**
：ニューヨークに引っ越す

☐ move to **the city**
：都市に引っ越す

55 The popularity of the telephone has led to fewer people writing letters.

▶電話が大衆的になったことで，**手紙を書く人が減少した。**

✔ lead to **fewer people writing letters**
：手紙を書く人が減少する

56 We have to cut down the cost of living.

▶私たちは**生活費を切りつめ**なければならない。

✔ cut down **the cost of living**
：生活費を切りつめる

□ 157

in those days

その当時は

＝副 then（その時）　熟 at that time（その時）

➡ 最近では in を省略しがちだが，"in those days of ～" や "in those days when ～" などと修飾を伴う場合には in を用いる。

□ 158

plenty of

たくさんの～

＝熟 a lot of（たくさんの～）☞No.007

熟 a good deal of（たくさんの～）☞No.133

➡ 個数，量のいずれにも用いる。"a number of" は個数について，"a great deal of" は量についてそれぞれ「たくさんの～」の意味を表す。

□ 159

far from

決して～でなく，～どころではなく

＝熟 not ～ at all（少しも～ない）☞No.058

熟 nowhere near（全然～でない）

熟 be wide of（～から外れて，見当違いで）

➡ 原義は「～から遠い」→「～とはほど遠い」

□ 160

on behalf of

(人)に代わって；(人・物・事)のために

＝熟《米》in behalf of（～の代理で；～のために）

□ 161

thanks to

〈理由〉～のおかげで

…➡熟 owing to（〈理由〉～のために）☞No.248

➡ thank「感謝」と to〈方向〉からなる。ただし，皮肉的に用いる場合もある（例：Thanks to you, I spent all the money.：君のおかげでお金を全部使ってしまった。）

□ 162

except for

～を除いては

＝熟 apart from（～は別として）☞No.458

➡ except の目的語には，名詞（句），代名詞，形容詞句，前置詞句，that 節，wh 節，"to *do*" など様々な品詞，要素がくる。全体や無を表す all, every, any, no の後では，except は "except for" に書き換え可。また，通例文修飾の形で，文末・文頭で "except for" を用いることがあるが，目的語は名詞句，*doing* に限られる。

57 People really knew how to make bricks in those days.

▶人々は**その当時**，レンガの作り方を本当に知っていたのだ。

58 He carried plenty of fuel with him.

▶彼は**たくさんの燃料**を持っていた。

- ✔ **plenty of fuel**：たくさんの燃料

59 His manners are far from pleasant.

▶彼の態度は**決して感じの良いものではない。**

- ✔ far from **pleasant**：決して感じのいいものではない
- ☐ **very** far from **adequate**：十分とはとても言えない

60 I went there on behalf of Tom.

▶私はトム**に代わって**そこに行った。

- ✔ on behalf of *A*：*A*〈人〉に代わって
- ☐ **work** on behalf of **the country**：国のため働く

61 He had no difficulty thanks to the language CD with him.

▶持っていた**語学 CD のおかげで**彼は何の苦労もしなかった。

- ✔ thanks to **the language CD**：語学 CD のおかげで

62 All the passengers were relaxed, except for the old man.

▶**その老人を除いて**，全ての乗客はリラックスしていた。

- ✔ except for **the old man**：老人を除いて

STAGE 04

0001 050 100 150 200 250 300 350 400 450 500 550 600 650 700 750

TO BE CONTINUED [2/9] ➡

□ 163
arrive at

～に到着する

＝㊕ arrive in（～に到着する）
㊕ get to（～に到着する）☞No.043
㊍ reach（に到着する）

▶到着地を点として捉える場合は at,「包まれた空間」という意味で捉える場合は in を用いる。一般的には，広い場所に in を用いる場合が多い（× arrive to）。なお，類義語 reach はほとんどの場合，他動詞として目的語をとる。

□ 164
end in

結局～に終わる

…▸㊕ end up（～で終わる）
㊕ put an end to（～を終わらせる）

▶好ましくない結末を言う場合に用いられることが多い。

□ 165
by the way

ところで，ついでながら

＝㊟ incidentally（ついでながら）
㊌ well（ところで〈口語〉）

▶「ちょっと脇道にそれるが」「ところで」の意味で，話題を変える語として口語的にも丁寧な表現をする場合にも用いる。より口語的な表現としては，話題の切り出しなどで well も用いる。

□ 166
tell *A* from *B*

***A* と *B* を見分ける**

＝㊕ distinguish *A* from *B*（*A* と *B* とを区別する）☞No.334

▶通常 can, could, "be able to" と共に用い，「*A* と *B* を区別できる，違いがわかる」の意味で使われる。類義語 distinguish *A* from *B* よりくだけた言い方。

□ 167
a large number of

〈数〉たくさんの～

＝㊕ a great[good]number of（たくさんの～）
㊕ a great many（非常にたくさんの～）
㊕ a number of（多くの～）☞No.059

▶of 以下には可算名詞がくる。量を言う場合は "a great deal of"（× many numbers of）。

□ 168
change *A* into *B*

***A* を *B* に変える**

＝㊕ turn *A* into *B*（*A* を *B* へ変える）

▶into は原義の「～の中へ」から，「～という状態（の中）へ」という意味で使われる。

163 The bus arrived at the terminal half an hour late.

▶バスは30分遅れで**終点に着いた**。

✔ arrive at **the terminal**
：終点に着く

☐ arrive at **Tokyo Station**
：東京駅に到着する

---

164 My attempt ended in failure.

▶私の企ては**結局失敗に終わった**。

✔ end in **failure**
：結局失敗に終わる

---

165 By the way, who's coming?

▶**ところで**誰が来るのですか？

---

166 Can you tell wheat from barley?

▶**小麦と大麦を見分け**られますか？

✔ tell **wheat** from **barley**
：小麦と大麦を見分ける

---

167 A large number of people live in a small land area.

▶**たくさんの人**が狭い土地に住んでいる。

✔ a large number of **people**
：たくさんの人

---

168 A new method changes agricultural waste into usable fuel.

▶新しい農法は**農業の廃棄物を使用可能な燃料に変える**。

✔ change **agricultural waste** into **usable fuel**
：農業の廃棄物を使用可能な燃料に変える

0001 – 050 – 100 – 150 – STAGE 04 – 200 – 250 – 300 – 350 – 400 – 450 – 500 – 550 – 600 – 650 – 700 – 750 –

TO BE CONTINUED [3/9] ➡

□ 169
not only *A* but (also) *B*

A ばかりではなく *B* も
＝㊥ *B* as well as *A*（*A* だけでなく *B* も）
➡ "not only" と "but also" が呼応する形。同義の "*B* as well as *A*"「*A* と同じく *B*」とは意味が逆になるので注意。

□ 170
prefer *A* to *B*

B より *A* を好む
＝㊥ like *A* better than *B*（*B* より *A* が好きである）
➡「*B* することより *A* することを好む」を表す場合は *A* と *B* を動名詞 *doing* の形で用いる。to は比較の対象を意味する前置詞で，この場合 than は用いないことに注意。

□ 171
fall asleep

寝入る
＝㊥ go to sleep（寝つく）
…➡㊥ be fast asleep（ぐっすり眠っている）
㊥ go to bed（床に就く）
➡ fall「～の状態になる［陥る］」と asleep「眠っている」〈状態〉からなる。

□ 172
not ~ any more

もはや～ない
＝㊥ no more（もう～ない）
㊥ not ～ any longer（もはや～ない）
➡ anymore は 1 語で用いることが多い（ただし，「量」を言う場合は2語。ex.I don't want any more.：もうこれ以上要りません）。no more の方が強意的。

□ 173
get used to *doing*

～することに慣れる
…➡㊥ be used to (*doing*)（～〔すること〕に慣れている）☞No.202
㊥ be accustomed to (*doing*)（～〔すること〕に慣れている）☞No.477
➡ get「～な状態になる」と，used「慣れている」からなる。to は対象を示す前置詞なので，"get used to *do*" とはならないことに注意。

169 Success depends not only on diligence but on good luck.

▶成功は**勤勉によるだけでなく，幸運にも**よる。

☑ not only on diligence but on good luck
：勤勉だけでなく幸運にも

☐ not only to people but also to plants
：人間にだけでなく植物にも

170 I prefer economics to politics.

▶私は**政治学より経済学の方が好きだ**。

☑ prefer economics to politics
：政治学より経済学の方が好き

☐ prefer wine to beer
：ビールよりワインが好き

171 He fell asleep immediately.

▶彼はすぐに**寝入った**。

172 I thought you didn't want it any more.

▶私は，君が**もはやそれを望んでいない**と思った。

☑ not want it any more
：もはやそれを望んでいない

173 He will soon get used to living in the country.

▶彼は田舎の**生活に**すぐに**慣れる**だろう。

☑ get used to living
：生活に慣れる

TO BE CONTINUED [4/9] ➡

□ 174
as ~ as *one* can

できる限り～

＝㊞ as ～ as possible（できるだけ～）
…→㊞ as ～ as any ...（どの…にも劣らず～）
▶ "as ～ as *one* can[possible]" の形で「〔…が〕できる限り～」という意味をなす。～には副詞，形容詞，または形容詞を伴う名詞がくる。ただし，形容詞を伴う名詞がくる場合，倒置が起こることに注意（例：as expensive a watch as he can buy：彼が買える限り高い時計）。

□ 175
break down

故障する

…→㊞ out of order（〔機械などが〕故障して）☞No.336
▶ break「壊れる」と down「完全に」からなり，車・機械などが故障することや動かなくなることをいう。また，関係・交渉などが「決裂する」「破たんする」という意味でも用いる。

□ 176
set out

出発する

＝㊞ set off（出発する）
㊞ leave for（～に向けて出発する）☞No.369
▶ 後につく前置詞が for ～で「～へ」，from ～で「～から」を表す。また，as, in などと共に用いて「（事業・職業などを）始める」という意味もある。

□ 177
in charge of

～を預かって；～の担任の

…→㊞ be in charge of（～を担当している）
㊞ take[have] charge of the class（クラスを担任する［している］）
▶ charge は「責任，義務，世話，監督」などを意味する。「～を預かる，担当する」という動作を表す場合は "take charge of ～ "。なお，"be in charge of him" は「彼を世話している」だが，"be in the charge of him" は「彼が世話している，彼の担当だ」を意味するので注意。

□ 178
regard *A* as *B*

***A* を *B* と考える，*A* を *B* とみなす**

＝㊞ consider *A* as *B*（*A* を *B* とみなす）
㊞ think of *A* as *B*（*A* を *B* とみなす）☞No.647
▶ as の後には名詞，形容詞，前置詞句などがくる。as *B* の代わりに副詞を伴うこともある。

174 We will try to get your shoes repaired as quickly as we can.

▶**できる限り早く**あなたの靴を修理するよう努力いたします。

✔ as **quickly** as *one* **can**
：できる限り早く

175 My car broke down on the highway.

▶**私の車は**幹線道路で**故障した。**

✔ *one's* **car** breaks down
：車が故障する

176 My parents set out on a trip for Europe.

▶私の両親はヨーロッパへの**旅行に出発した。**

✔ set out **on a trip**
：旅行に出発する

☐ set out **as a copywriter[in the mail-order business]**
：コピーライターになる〔通信販売業を始める〕

177 She is in charge of that department.

▶彼女は**その部門を担当している。**

✔ **be** in charge of **that department**
：その部門を担当している

178 She is regarded as the most important of all the players.

▶彼女は全ての選手の中で**最も重要であるとみな**されている。

✔ regard *A* as **the most important**
：*A* を最も重要であるとみなす

☐ regard **noise** as **a measure of economic progress**
：騒音を経済的進歩を測る１つの基準と考える

STAGE 04

□ 179
Why don't you ~?

～したらどうですか？，～しませんか？
＝㊋ Why not *do* ～？（～したらどうですか，しませんか？）☞No.221
➡ 文字通り「なぜ～しないのか？」の意味で用いられることもあるが，基本「～しよう」〈勧誘〉の意。

□ 180
be ready to *do*

喜んで～する
…→㊍ be willing to *do*（〈相手に同調して〉快く～する，～してもかまわない）☞No.219
➡ 「喜んで～する」「すすんで～する」の意味で用いられるが，結果までは含意しない。類義語 "be willing to *do*" は，"be ready to *do*" ほど積極的な意思はないが，特に反対する理由もないので同調の態度を示す文脈で用いる。

□ 181
by the time

～するまでに
…→㊌ before（～する前に）
➡ by は期限を意味する前置詞だが，接続詞的に用いられている。一方，until(till) 節は「～までずっと」〈継続〉を意味する。

□ 182
help *A* with *B*

A〈人〉の *B* を手伝う
＝㊍ help *A* (to) *do*（*A*〈人〉が～するのを手伝う）
　㊍ help *A* in *B*（*A*〈人〉の *B* を手伝う）
➡ with の代わりに in も用いるが，with がその場限りのことや日課のようなものに用いるのに対し，in は困難で努力を要する場合や動名詞の場合に用いる（例：help him in his escape：彼の逃亡を手伝う，help my mother in preparing breakfast：母が朝食を準備するのを手伝う）。

□ 183
bring up

（人）を育てる
…→㊎ raise（〔人・動物・作物〕を育てる）
➡ 人（子供）を「育てる」「養育する」「しつける」の意で使われる。受動態で be brought up の形でもよく用いられる。

□ 184
for instance

例えば
＝㊍ for example（例えば）☞No.006
➡ 文中で挿入的に使われることが多いが，文頭や文尾でも可。

179 Why don't you take a walk in the park?

▶公園を散歩しませんか？

180 He is always ready to help us.

▶彼はいつでも喜んで私たちを助けてくれる。

☑ be ready to help *A*
：*A* を喜んで助ける

181 By the time the police arrived, the criminal had escaped.

▶警察が到着するまでに犯罪者は逃げてしまった。

☑ by the time the police arrive
：警察が到着するまでに

☐ by the time *one* dies
：～が亡くなるまでに

182 Will you help me with the baggage?

▶荷物を運ぶのを手伝ってくれませんか？

183 This is the house in which she was born and brought up.

▶これは，彼女が生まれ育った家です。

☑ born and brought up
：生まれ育った

☐ bring up *one's* son
：息子を育てる

☐ be brought up in Tokyo
：東京で育つ

184 For instance, think about those who are in need.

▶例えば，困っている人々のことを考えてみよう。

□ 185
be about to *do*

今にも～しそうだ
…→[熟] be going to (*do*)(～するつもりだ)
➡ 類義語 "be about to (*do*)" はより差し迫った未来を表し，通例未来を表す副詞(句)を伴わない。過去時制で用いる場合，通例未遂・中断を言う文脈で用いる。

□ 186
in turn

交代で，順番に
＝[熟] by turns (代わる代わる，順番に)
…→[熟] at random (無作為に)
➡ turn は「順番」「〔～の〕番」を意味する。また，"in turn" は「今度は」「同様に」といった意味でも使う。

□ 187
get along with

～とうまくやっていく
…→[文] How are you getting along?
(ご機嫌いかがですか？，いかがお暮らしですか？)
➡ with の目的語に人をとり，「～とうまく［仲良く］やっていく，折り合っていく」。with の目的語に物をとると，「～でなんとかやっていく，暮らす」，特に仕事などを目的語にとると「～がはかどる」という意味になる。

□ 188
stay up (late)

夜ふかしする
＝[熟] keep late[bad] hours (夜ふかしする)
[熟] sit up (late) (夜ふかしする)
➡ stay「～の状態でいる」と up「起きて，立って」からなる。類義語 "sit up (late)" よりも，仕事・勉強などではなく遊んでいて寝るのが遅くなる場合によく用いる。

□ 189
at any time

いつでも
＝[熟] (at) any moment (いつなんどきでも；もうすぐ)
[熟] any time (いつでも)
➡ 一語で副詞の anytime と言うことも多い。

□ 190
be proud of

～を誇りに思う
＝[熟] take pride in (～を誇りに思う) ☞No.538
⇔[熟] be ashamed of (～を恥じている)
➡ 「～が…であることを誇りに思う」の意味では "be proud that 節" のほか，"be proud of ～ being ..." という形も用いる。

185 Had we known what was about to hap-pen, we would have changed the plan.

▶何が**起ころうとしていた**のかわかっていたら，私たちは計画を変更しただろう。

✔ be about to **happen**
：今にも起こりそうだ

☐ **the traffic light** is about to **turn red**
：信号が今にも赤に変わりそうだ

186 They dived in turn.

▶彼らは**順番に飛び込んだ**。

✔ **dive** in turn
：順番に飛び込む

187 Sam was hard for the secretary to get along with.

▶秘書にとってサムは**うまくやっていく**のが難しい人物だった。

188 Why did you stay up so late last night?

▶ゆうべはなぜそんなに**夜ふかしをし**たの？

189 He thought he could land at any time.

▶彼は**いつでも**上陸できると考えた。

190 He is proud of his son.

▶彼は**息子を誇りに思っている**。

✔ be proud of *one's* **son**
：息子を誇りに思う

☐ be proud of *one's* **being honest**
：～が正直であるのを誇りに思う

TO BE CONTINUED [7/9] ➡

191
by means of

〈手段〉～によって
＝[前] with（〔道具〕で）
…→[熟] by any means（〘否定文で〙どうやっても～でない）
➡ of の目的語には手段の名詞がくる。単純に by ～より正式な言い方。

192
be concerned with

～に関係している［関心がある］
＝[熟] be concerned in（～に関与している）
➡ 他動詞 concern「〈人〉を関わらせる」「〈人〉を心配させる」の受動態。犯罪などに関わっている場合は "be concerned in ～" も用いる。

193
come true

実現する
…→[文] Her word came true.（彼女は約束を果たした。）
➡ SVC の文型。主語には「夢」「約束（*one's* word）」などをとる。

194
take ~ off

（期間）を休みとして取る
…→[熟] take (a) holiday（休暇を取る）
[熟] have a holiday（休暇を取る）
➡ "take ～ off from ..." の形で，目的語にはある期間・日を取り，from の目的語には休む対象（仕事，学校など）を取る。

195
work on

～に取り組む；～に影響を与える
➡ "work on 人 to *do*" で，「～するよう人に働きかける」という意味もある。

196
above all (things)

とりわけ，特に
＝[熟] most of all（とりわけ，特に）
[副] particularly（特に）
[副] especially（特に）
[熟] best of all（とりわけ，特に）
➡ 原義は「全て (all) の上に (above)」。「何よりもまず (=first of all)」という意味で用いられることもある。

197
turn on

～のスイッチを（ひねって）入れる
＝[熟] switch on（〔人が〕～のスイッチを入れる；〔機械などが〕スイッチが入る）
⇔[熟] turn off（～のスイッチを切る）

191 We learn about space by means of rockets and satellites.

▶**ロケットや人工衛星によって**，我々は宇宙空間について知る。

✔ by means of **rockets and satellites**
：ロケットや人工衛星によって

192 He is not concerned with the affair.

▶彼は**そのこととは関係してい**ない。

✔ be concerned with **the affair**
：そのことと関係している

193 The day is sure to come when your dream will come true.

▶君の**夢が実現する**日が必ず来るだろう。

✔ **dreams** come true
：夢が実現する

194 My wife was ill, so I took a day off to look after her.

▶妻が病気だったので，　私は看病のために**１日休みを取った**。

✔ take **a day** off
：１日休みを取る

195 Our group worked on the environmental issue.

▶私たちのグループは自然環境**問題に取り組んだ**。

✔ work on **the issue**
：問題に取り組む

☐ work on **a car**
：車の修理をする

196 SNS influences younger people above all.

▶SNS は，**特に**若者に影響を与える。

197 He turned on his flashlight.

▶彼は**懐中電灯のスイッチをつけた**。

✔ turn on **a flashlight**
：懐中電灯のスイッチをつける

TO BE CONTINUED [8/9] ➡

□ 198

in a hurry

急いで

＝㊀ in haste（急いで）〈正式語〉
㊀ in a rush（急いで）

➡ in〈状態〉と "a hurry"「急ぐこと」からなる。転じて，「〜したがって〔to *do*〕」，「〔won't, wouldn't を伴って皮肉的に〕簡単には〜（ないだろう）」といった意味もある。

□ 199

as many

同数の〜

＝㊀ as many *A* as *B*（*B* と同数の *A*）
…→㊀ as much（ちょうど同じだけ）

➡ "as many *A* as *B*" の "as *B*" の略。先行する数詞と照応して，「同数の」を意味する。ただし，"make ten mistakes in as many pages"（10 ページに 10 のミスをする）を "make ten mistakes in ten pages" と言うように，同じ数詞を繰り返すことも多い。

□ 200

up and down

上下に；行ったり来たり

…→㊀ back and forth（前後に）☞No.351

➡ 動作が「上がったり下がったり」という意味のほか，「行ったり来たり，あちこちに」，「〔健康・境遇などが〕よかったり悪かったり」という意味でも用いられる。前置詞的に用いることもある。

198 Everyone always seems to be in a hurry.

▶全ての人が常に**急いで**いるようだ。

- ☐ **be** in a hurry **to see** *A*
  ：*A* に会いたがっている
- ☐ **won't beat** *A* in a hurry
  ：簡単には *A* を打ちのめさないだろう

199 There were twenty accidents in as many days.

▶**20 日間に 20 件の事故**があった。

- ☑ **twenty accidents in** as many **days**
  ：20 日間に 20 件の事故

200 George jumped up and down during story hour.

▶ジョージはお話の時間中，**上下にとびはねていた。**

- ☑ **jump** up and down
  ：上下にとびはねる
- ☐ **look** *one* up and down
  ：～の頭のてっぺんからつま先までを見る（× look at *one* up and down）
- ☐ **walk** up and down **the terrace**
  ：テラスを行ったり来たりする

□ 201
hand in

～を提出する
＝[熟] turn in（～を提出する）☞No.579
[動] submit（を提出する）
…→[熟] send in（～を〔郵送で〕提出する）
■▶ [動] hand「を手渡す」と[副] in「中に」からなり，「〔書類，届け，宿題などを，手渡して〕提出する」の意味。語順は "hand in *A*" でも "hand *A* in" でも可。

□ 202
be used to (*doing*)

～（すること）に慣れている
＝[熟] be accustomed to (*doing*)
（～〔すること〕に慣れている）〈正式語〉☞No.477
■▶「使用する」→「習慣にする」→「慣らす」と派生した[動] use の受動態。[前] to〈対象〉から，目的語には名詞・*doing* がくる（× used to *do*）。助動詞 "used to [*do*]" は「かつては～したものだった」の意。

□ 203
prevent *A* from *doing*

A〈人〉が～するのを妨げる
＝[熟] stop *A* from *doing*
（*A*〈人〉が～するのを止める）☞No.257
■▶ from は省略可。ただし，from がある場合「説得などをして～させなかった」，省略した場合「直接その行動を妨げた」というニュアンスになる。また，物主構文の場合「…のせいで～できない」の意味でも用いられる。なお，"stop *A* [from] *doing*" は，from があると未然の行為を妨げる意味だが，省略すると既に行っていることを止める意味となる。

□ 204
succeed in (*doing*)

～（するの）に成功する
＝[熟] do well in（～に成功する）
…→[熟] succeed to（～を引き継ぐ）
■▶ in の目的語には事柄の名詞や *doing* がくる。"succeed in to *do*" とはならないので注意。

□ 205
be good at

～が得意だ
＝[熟] be clever at（～にかけては達人だ）
⇔[熟] be poor at（～が苦手だ）
■▶ good「優れた」と at〈対象〉からなり，「～に優れている」→「～が得意だ」の意味で用いられる。at の目的語には事柄の名詞や *doing* がくる。

201 You can't put off handing in your report.

▶あなたは**レポートの提出**を先延ばしにすることはできない。

✔ **hand in a report**
：レポートを提出する

☐ **hand in a long essay**
：長い論文を提出する

202 I'm used to sitting up late.

▶私は**夜ふかしすることに慣れている**。

✔ **be used to sitting up late**
：夜ふかしすることに慣れている

☐ **be used to living on boats**
：船の上で暮らすのに慣れている

203 Urgent business prevented me from attending the meeting.

▶私は急用**のために会議に出られなかった**。

✔ **prevent *A* from attending the meeting**
：*A* が会議に出ることを妨げる

☐ **prevent *A* from escaping**
：*A* が逃げ出すことを妨げる

204 Columbus succeeded in discovering the new continent.

▶コロンブスは**新大陸の発見に成功した**。

✔ **succeed in discovering the new continent**
：新大陸の発見に成功する

☐ **succeed in climbing Mt. Fuji**
：富士山に登るのに成功する

205 Kenji was good at math, and yet he had never got an A.

▶ケンジは**数学が得意だったが**，彼は一度も A をとったことがなかった。

✔ **be good at math**
：数学が得意だ

STAGE 05

☐ 206
put up with

～を我慢する
＝[熟] live with（～を我慢する）
[動] stand（を我慢する）
[動] endure（を我慢する）
…→[熟] put up with her（彼女の家に泊まる）
➡ with の目的語には人・行動・物などがくる。

☐ 207
make *A* from *B*

***B*〈原料〉から *A* を作る**
➡ make「を作る」を用いる際，材料が原形をとどめていない場合（例：ぶどうからワインを作る）は "from *B*〈原料，由来〉"，材料が本質的に変化していない場合（例：材木から机を作る）は "[out] of *B*〈材料・構成要素〉" が用いられる。

☐ 208
make *A* (out) of *B*

***B*〈材料〉で *A* を作る**
➡ ☞No.207 参照

☐ 209
be fond of

～が好きで
＝[動] like（が好きだ）
[熟] care for（～が好きである）
➡ 叙述用法で fond[形]「(～が) 大好きな」を用いた成句。like よりくだけた語。また，fond は限定用法で「優しい」「好意的な」という意味もある。

☐ 210
have a look at

～をちょっと見る
＝[熟] take a look at（～をちょっと見る）
…→[熟] look at（～をよく見る）
[熟] have a good look at（～を丹念に見る）
➡ "a look"「一見」と have, take, get, give などから「ちらりと見る」（≒ look at）の意味をなす。なお，"*A* gives a look at *B*" は，*B* が *A* のそれに気づいており，コミュニケーションが成立している。

☐ 211
remind *A* of *B*

***A*〈人〉に *B* を思い出させる**
＝[熟] remind *A* to *do*（*A* に～することを気づかせる）
➡ "remind〈人〉of[about]〈人・事〉" の形で①「〔人が意図的に〕〈人〉に～のことを忘れないように思い出させる［念を押す］」②「〔物・事が結果的に〕〈人〉に～のことを思い出させる」③「〔人・物が～に似ていて〕〈人〉に～を想起させる」の意味をなす。

206 I can't put up with his rude behavior.

▶私は彼の**粗野な振る舞いが我慢**できない。

✔ put up with **rude behavior**
：粗野な振る舞いを我慢する

☐ **can't** put up with **violence**
：暴力には我慢できない

207 Cheese and butter are both made from milk.

▶チーズとバター**は**どちらも牛乳**から作ら**れている。

☐ **paper is** made from **wood**
：紙は木から作られる

208 The car's wheels were made of iron.

▶その車の車輪は鉄**製**であった。

209 She is fond of dancing to this song.

▶彼女はこの歌で**ダンスをするのが好きだ**。

✔ be fond of **dancing**
：ダンスをするのが好きだ

210 Let me have a look at that album of yours.

▶あなたの**そのアルバムを見**せてください。

✔ have a look at **that album**
：そのアルバムを見る

211 This photo reminds me of my happy school days.

▶この写真は私**に**楽しかった学生時代**を思い出させる**。

TO BE CONTINUED [2/8] ➡

□ 212
go with

～と調和する；～と一緒に行く

＝㊞ be in harmony with（～と調和している）

▶ 自動詞 go と㊞ with「～と共に」から「～と共に行く」→「～と調和する（=match）」「～と釣り合う（=fit: サイズ，大きさなどが合う）」の意で使われる。「よく調和する」の意では例えば "The tie goes well with your suit."（×～ with you）という形で用いられることに注意。

□ 213
in other words

言い換えれば，すなわち

＝㊞ that is (to say)（つまり，すなわち）☞No.245
㊞ to put it another way（言い換えれば）

…▶㊞ in a word（一言で言えば）

▶ "other words"「他の言葉」と in〈手段〉からなり，「ほかの言葉で言うと」→「言い換えると」→「すなわち」「つまり」を意味する。要約したり，結論を導入する際に用いられる。

□ 214
turn out (to be)

（～であると）わかる

＝㊞ prove to be（～であることが判明する）

▶ ㊞ turn「～になる，変わる」と㊞ out「外側へ（出る）」からなる。

□ 215
have *A* in common

***A* を共通して持つ，*A* を共有する**

…▶㊞ own *A* in common with *B*（*B* と *A* を共有する）
㊞ in common（共通して）

▶ ㊞㊞ common「ありふれた（もの）」「共通の（もの）」「公共の（もの）」と㊞ in「～の状態で」から「共通に」という副詞句を作る。

□ 216
with care

注意して

＝㊞ carefully（注意深く）

▶ care「世話」「注意」「用心」と with「～を伴って」からなる。

□ 217
as far as

～の限り；～まで

＝㊞ so far as（～の限りでは）

▶ ㊞ far「距離の遠さ，程度の大きさ」から，「〔場所的，進行の度合い的に〕～まで」「～と同じ距離まで」「～の及ぶ限りでは，～に関する限りでは（≒ as long as）」の意味をなす。

EXAMPLE SENTENCE	PHRASE EXAMPLE
212 This tie goes with your shirt. ▶このネクタイはあなたの**シャツによく合う**。	✔ go with **a shirt** ：シャツに（よく）合う
213 He is young, in other words, he has a future ahead of him . ▶彼は若い，**すなわち**，彼には将来があるということだ。	
214 What he said turned out to be true. ▶彼が言ったことが**本当だとわかった**。	✔ turn out to be **true** ：本当だとわかる
215 They seem to have many things in common. ▶彼らは**多くのものを共有している**ようだ。	✔ have **many things** in common ：多くのものを共有している
216 We must read the book with care. ▶私たちは**その本を注意深く読ま**なければならない。	✔ **read a book** with care ：本を注意深く読む
217 As far as I know, he is as good as his word. ▶**私の知る限り**，彼は約束を守る人だ。	✔ as far as *one* **knows** ：〜の知る限り

☐ 218
I'm afraid
（残念ながら）〜と思う
…▶動 think (that)（〔〜だ〕と思う）
熟 be afraid of（〜を恐れている）
熟 be afraid for[about]（〜を気遣う，心配する）
▶ "be afraid that 節 [of *doing*]" の形で「〜するのではないかと心配する，恐れる」→「残念ながら〜だろう」と良くないことを推測する時に用いられる。また，応答の際に（否定）節を省略して "I'm afraid so [not]." とする語法もある。

☐ 219
be willing to *do*
快く〜する，〜してもかまわない
＝熟 be ready to *do*（喜んで〜する）☞No.180
⇔熟 be unwilling to *do*（〜したがらない）
▶ will「望んで」＋ing「いる」から，"be willing to *do*" の形で「快く〜する」，"be willing that 節" の形で「〜ということを望んでいる，に同意している」という意味をなす。ただし，自ら積極的にしたいという "be ready to *do*" とは違い，特に反対する理由もないので同調の態度を取る時に用いられる。

☐ 220
before long
まもなく
＝副 soon（まもなく）
…▶熟 It is not long before（まもなく〜する）
熟 in no time（あっという間に）☞No.631
▶ 前 before「〔時間的に〕〜の前に」と名 long「長時間（a long time）」から，「長時間になる前に」→「まもなく」の意味をなす。

☐ 221
Why not *do* ~?
〜したらどうですか？，〜しませんか？
…▶熟 Why not?（どうしていけないのか？，〖質問に対して〗もちろんですとも）
▶ もともとは "Why don't you *do* 〜?"「なぜ〜しないのか？，〜したらどうですか？」の短縮形で，相手に「〜したらどうですか？」と勧める意味で使われる。

☐ 222
at present
現在は
＝熟 at the moment（ちょうど今）　副 now（今）
…▶熟 at birth（生まれた時に）
▶ 名 present「現在」「今」からなり，"in the past"「過去において」，"in the future"「将来において」などと対比される。

☐ 223
by *oneself*
自分で
…▶熟 for *oneself*（自分で［のために］）☞No.093
▶ 単に「自分で」という意味で，"for *oneself*"「自分のために」という意味はない。

218 I'm afraid it may rain tomorrow.

▶明日は雨かもしれない**と思う**。

219 I don't think my father is willing to lend us the car.

▶父が**すすんで**僕らに**車を貸し**てはくれないと思う。

✔ be willing to **lend a car** ：快く車を貸す

220 My father will be back before long.

▶父は**まもなく**戻るでしょう。

221 Why not go to a Chinese restaurant?

▶中華料理店へ**行ったらどうですか**。

222 At present, many Japanese people feel they are victims of noise.

▶**現在**, 多くの日本人が騒音の被害者だと感じている。

223 It was the first time I cooked by myself.

▶**自分で**料理をしたのは初めてです。

☐ **(all)** by ***oneself*** ：独力で, 一人で

☐ **travel** by **myself** ：一人旅をする

TO BE CONTINUED [4/8] ➡

□ 224
say to *oneself*

ひとり言を言う，心の中で思う
＝㊍ talk to *oneself*（ひとり言を言う）
㊍ think aloud（思わずひとり言を言う）
➡ 原義は「自分自身に言う」。"talk to *oneself*" に「心の中で思う」の意味はないので注意。また，"think aloud" も「声を出して考える」→「ひとり言を言う」の意味がある。

□ 225
not yet

まだです
➡ yet は通常否定文内で「まだ～ない」の意味があり，疑問文への返答では "Not yet." だけで「まだです。」という意味を表す。また，yet は疑問文内で「もう～？」という意味でも用いられるほか，"be yet to *do*" の形で「〔危機感は薄いが〕まだ～していない，これから～しなければならない」という用法もある。

□ 226
This is why

こういうわけで～
…→㊍ And so（それだから）
㊍ That's why（だから～なのだ）
➡ 文章中で，直前の内容を理由に何か述べる際に "This is why 節" という形を用いる。

□ 227
come across

～に出会う；～が（心に）浮かぶ
＝㊍ run into（～に出くわす）☞No.640
㊍ encounter（に遭遇する）
➡ come「来る」と across「～と交差して」で「〔人・物など〕に偶然に出くわす」という意味をなすが，類似表現の "run into", "encounter" は比較的物理的要素が強い。

□ 228
break out

勃発する
＝㊍ take place（起こる）☞No.126
㊍ occur（起こる）
➡「〔戦争，火事，病気，暴動など，伝播する出来事が〕急に発生する」という意味。地震の場合には occur, come, happen などを用いることに注意。

□ 229
hope for

～を望む
…→㊍ hope to *do*（～したいと望む）
㊍ hope (that)節（～ということを望む）
㊍ in (the) hope of（～を希望して）
➡ "hope for *A*" で「*A* を望む」，"hope to *do*" で「～したいと望む」，"hope (that) 節" で「～ということを望む」。

224 "Nonsense" she said to herself.

▶「馬鹿げている」と彼女は**心の中で思った。**

225 "Have you finished your study?" "Not yet."

▶「もう勉強を終えましたか？」「**まだです。**」

226 Ben is talkative. This is why I don't like him.

▶ベンはおしゃべりだ。**こういうわけで**私は彼が嫌いだ。

227 He came across an attractive painting.

▶彼は**心をひきつけられる絵に出会った。**

✔ come across **an attractive painting**
：心をひきつけられる絵に出会う

228 Mankind will survive unless World War breaks out.

▶**世界大戦が勃発し**なければ，人類は生き延びるだろう。

✔ **World War** breaks out
：世界大戦が勃発する

229 He hoped for a chance to meet a pretty girl.

▶彼はかわいい女の子と出会う**チャンスを望んだ。**

✔ hope for **a chance**
：チャンスを望む

□ 230
make sense

意味をなす；道理にかなう

＝㊙ be reasonable（道理にかなう）

…›㊙ make sense of（～を理解する）

▶ sense「意味」が make を伴って「意味をなす，意味がわかる（be reasonable）」「賢明だ」「〔文章などが〕わかりやすい」の意味をなす。

□ 231
get off

（乗り物）**から降りる**

⇔㊙ get on（〔乗り物〕に乗る）☞No.123

▶ get「～の状態になる」と off「～から離れて」から，「乗り物（列車・バス・馬）から降りる」のほか「出発する（=set off）」の意味をなす。

□ 232
no matter how

たとえどのように～しても

＝㊙ however（どんなに～でも）

▶ 譲歩の意味をなす。間接疑問文内にはよく may, might などが用いられる。この用法において，"however 形容詞・副詞＋節" は同義。

□ 233
differ from

～と異なる

＝㊙ vary from（～と異なる）

…›㊙ different from（～とは異なって）

▶ "differ from ～ (in …)" の形で「(…の点で)～と異なる」を意味する。vary が同一種のものについて用いられるのに対し，異種の物の比較に用いられる。

□ 234
do *one's* best

全力を尽くす

＝㊙ try *one's* best（全力を尽くす）

▶ best（good の最上級）は，*one's* best「(～の) 全力，精一杯」の意味をなす。なお，"*one's* best" は文脈により「(～の) 最も良い状態」の意味でも用いる。

□ 235
point out

～を指摘する

＝㊙ indicate（を指摘する）

▶ point「指し示す」と out「選び出して」から，名詞句を目的語にとって「(～に) ～を指摘する」，that 節を目的語にとって「(～に) ～ということを指摘する」という意味をなす。

230 That just doesn't make sense.

▶それは全く**意味をなさ**ない。

231 I've forgotten where to get off the bus.

▶私はどこで**バスを降り**るべきかを忘れてしまった。

☑ get off **the bus**
：バスを降りる

232 He bought his daughter anything she wanted, no matter how expensive it was.

▶**たとえどんなに**それが**高くても**，彼は娘が望むものなら何でも買ってあげた。

☑ no matter how **expensive**
：たとえどんなに高くても

☐ no matter how **hard** *one* **tries**
：たとえどんなに一生懸命～がやってみても

233 He differs from his brother in many ways.

▶彼は兄**と多くの点で異なっている**。

☑ differ from *A* **in many ways**
：*A* と多くの点で異なる

234 I'll do my best to get there on time.

▶時間通りにそこに着くように**全力を尽くす**つもりだ。

235 The scientist pointed out the problem of this method.

▶その科学者はこの方法の**問題点を指摘した**。

☑ point out **the problem**
：問題点を指摘する

□ 236
get rid of

～を免れる，～を取り除く
＝動 remove（を取り去る）
▶ get「～の状態になる」と rid「取り除かれた」（過去分詞形）からなり，「取り除く」「排除する」「〔病気などから〕回復する（＝病気を排除する）」の意味で用いられる。

□ 237
have ~ in mind

～を考えている
…→熟 keep ～ in mind（～を心に留めている）
▶ 迷っているのではなく，既に計画が立っているというニュアンスで用いられる。

□ 238
laugh at

～を笑う
▶ しばしば「嘲笑する，見下して笑う」という意味を持つことに注意。受動態も可。

□ 239
look into

～を調査する；～をのぞきこむ
＝動 investigate（を調査する）
熟 go into（～を調査する）☞No.109
▶ 原義は「～をのぞきこむ」。受動態も可。

□ 240
nothing but

～だけ，～にほかならない
⇔熟 anything but（決して～でない）☞No.624
…→熟 do nothing but *do*（～してばかりいる）
熟 nothing less than（～も同然で）
▶ but「～以外には」＋ nothing「何もない」からなる。

□ 241
make it

うまくいく，成功する
＝動 succeed（成功する）　熟 do well（うまくいく）
▶ it は漠然と目標を指す。原義は「目当てのものを作る」。「困難や危機を乗り越える」という意味を含む。

□ 242
the moment (that)

～するとすぐに
＝熟 the instant (that)（～するとすぐに）
熟 as soon as（～するとすぐに）☞No.110
▶ that 節内で，未来のことを表す場合は現在形を用いるので注意。

□ 243
be eager to *do*

しきりに～したがる
＝熟 be desperate (to *do* [for])（～したくてたまらなくて）
熟 be anxious (to *do* [for])（～したくて仕方がない）
☞No.296, No.540
▶ 文の主語と不定詞句の主語が異なる場合には "She is eager for you to succeed." のようにする。

236 I've gotten rid of a bad cold.

▶ひどい風邪から回復した。

☑ get rid of a bad cold：ひどい風邪が治る

237 Do you have anyone in mind for the job?

▶その仕事をさせる人で，誰か**考えている**人はいますか？

238 The man was laughed at by the crowd.

▶その男は**群衆に笑われた**。

☑ be laughed at by the crowd：群衆に笑われる

☐ laugh at the funny story：おかしな話を笑う

239 She turned pale the moment she looked into the room.

▶彼女は**部屋をのぞきこむ**とすぐに青くなった。

☑ look into the room：部屋をのぞきこむ

☐ look into the past：過去を調査する

240 He seems to be nothing but a liar.

▶彼は**嘘つきにほかならない**ようだ。

☑ nothing but a liar：嘘つきにほかならない

☐ nothing but a desk：机が一つだけ

241 I hope he will make it in business.

▶私は彼が**商売で成功する**ことを期待している。

☑ make it in business：商売で成功する

242 I knew her the moment I saw her.

▶私は見た**瞬間**，彼女だとわかった。

243 He's eager to climb Mt. Fuji.

▶彼は**しきりに富士登山をしたがる**。

☑ be eager to climb：しきりに登山したがる

□ 244 **in *one's* neighborhood**	**近所に** ■▶[名] neighborhood「近所」は，ある程度の範囲を持った場所を表すので，at ではなく in を用いる。
□ 245 **that is (to say)**	**つまり，すなわち** ＝[副] namely（すなわち） ■▶前述の内容を具体的にわかりやすく言い換える，正確な表現に置き換える，あるいは本当に言いたいことを導入する時に挿入句的に用いられる。
□ 246 **complain about**	**～について不平を言う** ＝[熟] complain of（～のことで不平を言う） …▶[熟] complain to *A* about *B*（*B* について *A* に不平を言う） ■▶受動態で用いる場合には，"S be complained about ～ " の形。
□ 247 **be satisfied with**	**～に満足している** ＝[熟] be happy with（～に満足している） [熟] be content with（～に満足している）☞No.696 …▶[熟] be satisfied to *do*（～して満足している） ■▶[動] satisfy「を満足させる」の受動態から派生。
□ 248 **owing to**	〈理由〉**～のために** ＝[熟] due to（～のために） …▶[熟] thanks to（～のおかげで）☞No.161 ■▶"because of" より堅い言い方。be 動詞の直後には用いないことに注意（"due to" を用いる）。
□ 249 **result in**	**～の結果になる** ＝[熟] end in（結局～に終わる）☞No.164 …▶[熟] result from（～の結果として生じる）☞No.730 ■▶基本的な意味は「結果的に～になる，～に終わる」。in ～の部分に動詞がくる場合は "result in *doing*"「～する結果となる」。
□ 250 **to be frank with you**	**率直に言えば** ＝[熟] frankly speaking（率直に言えば） ■▶「言いにくいことを言っている」「話し手が本音で言っている」ことを強調する表現であることに留意する。"with you" は省略されることもある。

44 Soon a lot of people in my neighborhood had new televisions. ▶近所の多くの人がまもなく新しいテレビを手に入れた。

✔ a lot of people in my neighborhood
：近所の多くの人

45 He went there just a month ago, that is, on May the 5th.
▶彼はそこへちょうど1ヵ月前，つまり5月5日に行った。

46 No one complains about George at the PTA meeting.
▶誰もPTAの会議でジョージについて不平を言わない。

247 He was thoroughly satisfied with the new seating arrangement.
▶彼は新しい席の配置にすっかり満足していた。

✔ be satisfied with the new seating arrangement
：新しい席の配置に満足している

248 They arrived late owing to the rain.
▶彼らは雨のために遅く着いた。

✔ owing to the rain
：雨のために

249 The lack of rain will result in a poor crop this year.
▶雨不足で今年は不作に終わるだろう。

✔ result in a poor crop
：不作に終わる

250 To be frank with you, I don't like your new cap.
▶率直に言えば，私は君の新しい帽子が好きではない。

COLUMN

Lesson 1　よく出る会話表現①

下線をつけた英文が入試で問われた会話表現です。
会話全体の流れを理解して，その場面といっしょに覚えましょう。

① A : Hi, Susan. How are you?
　B : Not so well, I'm afraid.
　A : Really? What's the matter?
　B : I've got a slight cold.

〈訳〉A : やあ，スーザン。元気？
　B : あまり良くないの。
　A : 本当？　どうしたの？
　B : 少し風邪をひいてしまったの。

② A : Could I have a word with you?
　B : What's the problem?
　A : It's difficult to say in public.
　B : Let's go to my office, then.

〈訳〉A : 少し話をしてもよろしいですか？
　B : どうしたのですか？
　A : 人前では言いにくいんです。
　B : それでは私の事務所へ行きましょう。

③ A : You're thirty minutes late!
　B : I'm sorry. I overslept.
　A : Well, don't let it happen again.
　B : I won't. I promise.

〈訳〉A : 30分遅刻ですよ！
　B : すみません。寝過ごしました。
　A : では，2度としないように。
　B : 決して。約束します。

④ A : Tom, your radio is too loud.
　B : Sorry. I'll turn it down.
　A : Thanks a lot.
　B : No problem.

〈訳〉A : トム，ラジオの音が大きすぎるよ。
　B : すみません。音を小さくします。
　A : ありがとう。
　B : かまわないよ。

ESSENTIAL ENGLISH IDIOMS FOR
The Common Test for University Admissions

ROUND 2

STAGE 06-10

No.251–500
（250 idioms）

【頻出度】
★★

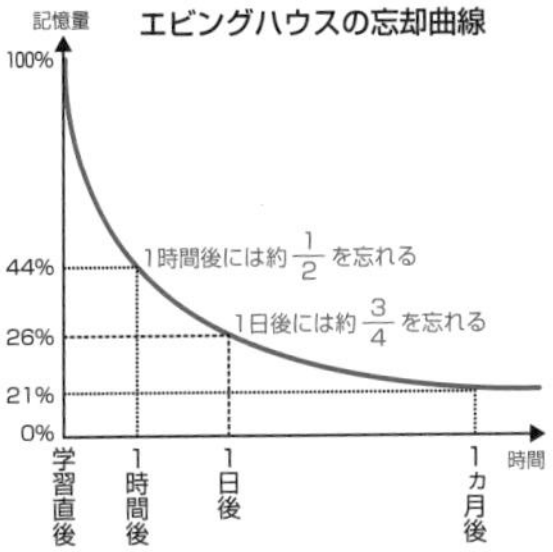

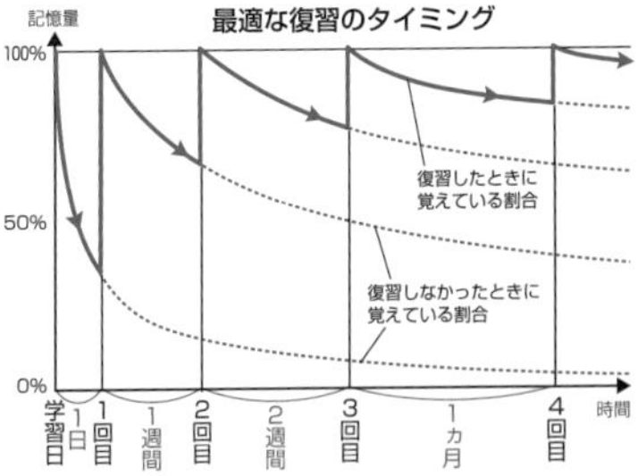

	STAGE	1回目	2回目	3回目	4回目
脳科学の研究によると，最も効果的な復習のタイミングは， ❶1回目…学習した翌日 ❷2回目…その1週間後 ❸3回目…そのまた2週間後 ❹4回目…そのまた1カ月後 であると言われています。右の表に学習した日付（または○や✓など）を記入して，忘れがちな英単語を効率的に復習していきましょう。	06				
	07				
	08				
	09				
	10				

☐ 251

as a matter of course

当然のこととして

…→(熟) take ～ for granted（～を当然のことと考える）☞No.293

(熟) as a matter of fact（実際のところ，実は）☞No.368

▶ "as a matter of *A*"「*A* の問題として」の *A* に course を入れたものと考える。

☐ 252

play a role

役目を果たす

＝(熟) play a part (in)（〔～において〕役割を果たす）☞No.337

▶「～において」は "in ～" で表す。

☐ 253

believe in

～の存在［価値］を信じる，～を信頼する

…→(文) I believe you.（私はあなたの言うことを信じる。）

☐ 254

prepare for

～の準備をする

…→(熟) prepare *A* (for *B*)（〔*B* のために〕*A* を準備する）

▶ 日常の単純な事柄の準備の場合は，通例 "prepare for" でなく "get[make] ready for"「～の準備をする」を用いる。

☐ 255

if only

～しさえすれば，～しさえしたらなあ

…→(熟) if possible（可能なら）

▶ しばしば主節が省略されることがあるので注意。"I wish" より強い意味を持ち，原則として仮定法を用いる。

☐ 256

in addition to

～に加えて

＝(熟) on top of（～に加えて）　(前) besides（～に加え）

(熟) together with（～が加わって）

(熟) to add to（～に加えて）

▶ "in addition to *A*, *B*", "*B* in addition to *A*" のどちらの語順でも可能で，「*A* に加えて *B* でもある」を表す。

☐ 257

stop *A* from *doing*

***A* が～するのを止める**

＝(熟) prevent *A* from *doing*（*A* が～するのを妨げる）☞No.203

▶ stop は他動詞の場合「止まる」ではなく何か「を止める」という意味になる。"from ＋動名詞" をとることに注意。

251 At present, freedom of speech is taken as a matter of course.

▶現在，言論の自由は**当然のこととして受け取られている**。

✔ **be taken** as a matter of course
：当然のこととして受け取られる

252 Forests play an important role in maintaining the environment.

▶森林は自然環境を維持する**のに重要な役目を果たす**。

✔ play an **important [a key / a major]** role
：重要な役目を果たす

✔ play a role **in** *A*
：*A* において役目を果たす

☐ play a role **of** *A*
：*A* の役目を果たす

253 She didn't like him, but she did believe in him.

▶彼女は彼のことが好きではなかったが，彼**を信じて**いた。

254 We must prepare for emergencies.

▶私たちは**緊急時に備え**なければならない。

✔ prepare for **emergencies**
：緊急時に備える

☐ **be** prepared for
：～の準備ができている

255 If only we could organize our days efficiently we could achieve much more.

▶日々を有効に使え**さえしたら**，目的をより一層成し遂げられるだろうに。

256 In addition to taking the tests, we have to hand in an essay.

▶**試験を受けるのに加えて**，私たちは小論文を提出しなければならない。

✔ in addition to **taking the test**
：試験を受けるのに加えて

257 You can't stop them from coming back.

▶君は彼ら**が戻ってくるのを止める**ことはできない。

✔ stop *A* from **coming back**
：*A* が戻ってくるのを止める

TO BE CONTINUED [1/8] ➡

258
put up
～を建てる；～を掲げる
…➡熟 put up at a hotel（ホテルに泊まる）
■▶他動詞として使って「〔家など〕を建てる」「〔旗〕を掲げる」「〔傘〕をさす」という意味をなす。

259
live a ~ life
～な生活を送る
＝熟 lead a ～ life（～な生活を送る）
■▶ life は動 live の同族目的語となっている。

260
make a mistake
間違える，誤りを犯す
＝熟 commit an error（間違える）
…➡熟 by mistake（誤って）
■▶名 mistake は「誤り，間違い」。誤りを犯すという意味で用いる場合，動詞は do ではなく make を使う。ちなみに他動詞 mistake は「を誤解する」の意味。

261
pass on
～を次に伝える；死ぬ
＝熟 hand down（〔伝統など〕を伝える）☞No.524
■▶ on は副詞であるため，「*A* を *B* に伝える」と書く場合には，前 to を入れて "pass *A* on to *B*" とする。

262
be on the phone
電話に出ている
…➡熟 be on another line（〔他の人と〕電話で話し中）
■▶名 phone は「電話」。"speak on the phone" で「電話で話す」。

263
put away
～を片付ける；～を蓄える
＝熟 wash[do] the dishes（皿を洗う）
■▶動 put と副 away からなり，「*A* を片付ける，*A* を蓄える」と目的語をとりたい場合は，"put *A* away" または "put away *A*" と表現する。

264
on *one's* own
一人で；独力で
＝副 alone（ただ一人で）　熟 by *oneself*（自分で）☞No.223
■▶ own は名詞的な意味で「自分のもの，独自の状態」。

265
agree with
～に賛成する
⇔熟 disagree with（～に反対する）
…➡熟 agree to（〔提案など〕に同意する，を承諾する）☞No.598
■▶ "agree with *A*〈人〉 about *B*" で「*A*〈人〉と *B* に関して意見が一致する」という意味をなす。

258 He put up a garage.
▶彼はガレージを建てた。

☑ **put up a garage**
：ガレージを建てる

259 They lived a simple life.
▶彼らは質素な生活を送っていた。

☑ **live a simple life**
：質素な生活を送る

260 He will never admit having made a mistake.
▶彼は決して間違えたことを認めないだろう。

☑ **admit having made a mistake**
：間違えたことを認める

261 I would like to pass the job on to my son.
▶私は仕事を息子に伝えたい。

☑ **pass the job on to *A***
：仕事を *A* に伝える

262 Who was that on the phone, John?
▶ジョン，電話に出ていたのは誰ですか？

263 Put the dishes away.
▶その食器を片付けてください。

☑ **put the dishes away**
：食器を片付ける

264 He lives on his own.
▶彼は１人で暮らしている。

☑ **live on *one's* own**
：１人で暮らす

265 I can't quite agree with you.
▶私はあなたの意見に全く賛成というわけではない。

☐ **agree with the holiday plan**
：休日の計画に賛成する

☐ 266
take over

～を引き継ぐ；～を乗っ取る
＝[熟] succeed to（～を引き継ぐ）
…→[動] inherit（を相続する）
➡ "take over *A* from *B*" で「*B* から *A* を引き継ぐ」という意味をなす。

☐ 267
go through

～を経験する
＝[熟] meet with（～を経験する）
[動] experience（を経験する）
➡ through は「～を経て」という意味を持つ。through の後には通常困難や苦難といった語が続く。

☐ 268
suffer from

～で苦しむ
＝[熟] be in trouble (over)（〔～のことで〕困っている）
➡ from「～から」〈原因〉より，「～が原因で苦しむ」が原義。from の後には病気など困難の原因となっている語がくる。

☐ 269
get lost

道に迷う
＝[熟] lose *one's* way（道に迷う）
➡ get「～という状態になる」と lost「道に迷った」からなる。

☐ 270
set up

～を設立する
＝[動] establish（を設立する）
[動] found（を設立する）*find の過去，過去分詞形も found
➡ ほかに「～を立てる；～を組み立てる」などの複数の意味がある。また，set は後に続く語によって様々な意味を持つので確認しておこう。

☐ 271
make up for

～の埋め合わせをする
＝[熟] compensate for（～の埋め合わせをする）
[熟] make it up to 人 for（人に～の埋め合わせをする）
➡ "make up" には「～の埋め合わせをする［補う］」の意味があり，for の後には埋め合わせをする対象の語がくる。

☐ 272
in particular

とりわけ，特に
＝[副] particularly（特に）　[副] especially（特に）

266 He took over the business from his father.

▶彼は**仕事を**父から**引き継いだ**。

✔ take over **the business**
：仕事を引き継ぐ

267 Many children go through that hardship.

▶多くの子供がその**苦難を経験する**。

✔ go through **hardship**
：苦難を経験する

268 All areas will suffer more from extremes of weather.

▶全ての地域が**天候の異常で**今以上に**苦しむ**だろう。

✔ suffer from **extremes of weather**
：天候の異常で苦しむ

269 We might get lost.

▶我々は**道に迷った**かもしれない。

270 The United Nations was set up after World War II.

▶**国際連合が**第二次世界大戦後に**設立された**。

✔ **The United Nations was** set up
：国際連合が設立された

271 It seems that they are making up for lost time.

▶彼らは**無駄にした時間の埋め合わせをしている**ようだ。

✔ make up for **lost time**
：無駄にした時間の埋め合わせをする

272 In particular, he preferred melancholy scenes of the countryside.

▶**とりわけ**，彼は田舎のもの悲しい風景を好んだ。

STAGE 06

□ 273
have a good time

楽しい時を過ごす
⇔㊞ have a bad time（ひどい目にあう）
➡ この場合の have は「～を過ごす」という意味。good 以外にも様々な形容詞が入り，それに応じて「～な時を過ごす」という意味になる。

□ 274
run out of

～を使い果たす
＝㊞ use up（～を使い果たす）
　㊐ exhaust（を使い果たす）
…›㊞ run short of（～が不足する）
➡ "out of"「～がなくなって」と run「〔望ましくない状態に〕なる」からなる。また現在進行形で用いれば「～が尽きかけている」といった意味になる。

□ 275
call up

～に電話する
＝㊐ telephone（に電話をかける）
　㊐ call（に電話する）
　㊞ give ～ a call（～に電話をかける）☞No.643
…›㊞ call back（あとで電話をかけ直す）
➡ "call 代名詞 up", "call up 名詞" という形で「電話をかける」という意味になる。call は後に続く語によって様々な意味を持つ。

□ 276
pay attention to

～に注意する
＝㊞ give attention to（～に注意を払う）
➡ "pay attention" で「注意を向ける」という意味をなし，to の後には注意を向ける対象がくる。

□ 277
rely on[upon]

～に頼る
＝㊞ depend on（～に頼る）☞No.039
➡ rely「信頼する」と on「～に対して」からなる。

□ 278
See you (later).

さようなら。
＝㊤ Good-bye.（さようなら。）
…›㊞ you see（あのね，～でしょう）
➡ 「また会おう」という意味を含んでいる。Good-bye. は「神のご加護を」という意味もあるため若干ニュアンスが異なる。また "So long!" は主に親しい間柄で使われるため，目上の人に使う場合は "See you." が好まれる。

273 The writer had a good time fishing.

▶その作家は釣りをして**楽しい時を過ごした**。

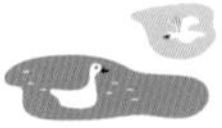

274 We are running out of water.

▶**水が尽きかけてきた**。

☑ run out of **water**
：水を使い果たす

275 On arriving at Shinjuku, I called her up.

▶新宿に着くとすぐに，私は彼女**に電話をした**。

276 You should pay more attention to her advice.

▶あなたはもっと彼女の**アドバイスに注意を向ける**べきだ。

☑ pay attention to **the advice**
：アドバイスに注意を向ける

277 They relied on magazines at the beginning of the study.

▶彼らは，研究の初めの段階では**雑誌に頼っていた**。

☑ rely on **magazines**
：雑誌に頼る

278 See you next week.

▶それじゃあ来週，**さようなら**。

☐ 279
turn away

向きを変える，顔をそむける；向きを変えて立ち去る

…▸[熟] look the other way (顔をそむける；見て見ぬふりをする)

▬▸ turn「転換」と away「向こうへ」から,「向きを変える」→「立ち去る」「顔をそむける」という意味をなす。

☐ 280
regardless of

〜にかまわず，〜を無視して

＝[熟] without regard to (〜にかかわらず)
[前] despite (〜にもかかわらず)
[熟] in spite of (〜にもかかわらず) ☞No.098

▬▸ regardless で「注意しない」「かまわない」を意味することから, of 以下「にかかわらず」という意味をなす。"regardless of" は「〜を無視して」という意があるのに対して, "in spite of" は「〜に対決して」「〜の困難を乗り越えて」という意がある。

☐ 281
provide *A* with *B*

***A*〈人〉に *B* を与える**

＝[熟] supply *A* with *B* (*A* に *B* を供給する)
[熟] provide *B* for *A* (*A* に *B* を供給する)
…▸[熟] furnish *A* with *B* (*A* に *B* を供給する)
[熟] equip *A* with *B* (*A* に *B* を備える)

▬▸ with と for では, *A* と *B* の順番が逆であるので注意。"provide *A* with *B*" では「*A* に *B* を持たせる」, "provide *B* for *A*" では「*A* のために *B* を供給する」という意味。

☐ 282
compare *A* to *B*

***A* を *B* にたとえる；*A* を *B* と比較する**

＝[熟] compare *A* with *B* (*A* を *B* と比べる)

▬▸ "compare *A* to *B*" で「*A* を *B* にたとえる」, "compare *A* with *B*" で「*A* を *B* と比べる」のように正式には「*A* と *B* を比較する」, という違いがあったが, 現在では前者も, 比較を表す際に用いられるようになっている。

☐ 283
some *A*, others *B*

***A* する人もいれば *B* する人もいる**

▬▸ some と others の後に people を入れても同じ。*A* と *B* で全ての種類を網羅する場合は others の代わりに "the others" を使うので注意。
ちなみに *A* と *B* 以外に *C* もある場合は "some *A*, some *B*, some *C*." とするか "some *A*, others *B*, others *C*." と表現することが多い。

279 “Never” I answered, and turned away.

▶私は「いいえ」と答えて**立ち去った**。

280 She will carry out her plan, regardless of expense.

▶彼女は**出費にかまわず**，自分の計画を実行するだろう。

✔ regardless of **expense**
：出費にかまわず

281 Parents should provide their children with decent clothing.

▶両親は**子供たちに**まともな**衣服を与える**べきだ。

✔ provide **the children** with **clothing**
：子供たちに衣服を与える

282 The Chinese compared bamboo to a true friend.

▶中国人は**竹を親友にたとえていた**。

✔ compare **bamboo** to **a true friend**
：竹を親友にたとえる

283 Some were killed and others were injured in the accident.

▶その事故によって，**亡くなった人もいれば怪我をした人もいる**。

✔ some **were killed and** others **were injured**
：亡くなった人もいれば怪我をした人もいる

☐ some **agree with** *A*, others **disagree**
：*A* に賛成する人もいれば不賛成の人もいる

□ 284
hear from

～から便り [電話] がある
＝㊤ get[receive] a letter from
(～から便りがある)
…→㊤ hear of (～のことを聞く) ☞No.480
▶ hear「聞く」「聞こえる」→「消息を聞く」,「連絡をもらう」と from「～から」とが合わさってできた表現。

□ 285
be concerned about

～を心配している
＝㊤ be worried about (～を心配している)
…→㊤ be afraid of (～を恐れている)
▶ about 以下には，人や物以外に出来事もくる。類義語 "be afraid of" は恐ろしいという意味で物事や人を気にかけるのに対して "be concerned about" は心配して人や物事を気にかけるという違いがあることに注意。

□ 286
as usual

いつもの通り
＝㊤ as always (いつものように)
▶ as「～のように，～の通りで」という意味から，"as usual" で「いつものように」となる。文頭，文尾，文中のいずれにも用いる。

□ 287
as for

～に関しては，～はどうかと言えば
＝㊤ as to (～について) ☞No.299
㊤ with regard to (～について) ☞No.739
▶ 通例文頭に用い，前述の人・物・事に関連して，新しい情報を導く。"as to" や about の場合には，文頭で用いるという制限はない。"as for" は "with regard to" よりも一般的な表現。

□ 288
leave ~ alone

(人)を放っておく，一人にしておく
＝㊤ let ～ alone (～を放っておく)
▶ leave「をそのままにする，残す」と alone「ただ一人の」からなる。

□ 289
look back on

～を回顧する
＝㊤ think back on[over] (～を振り返る)
㊍ review (を回顧する)
▶ on を省略した "look back" の場合は「回顧する」という意味になる。また，on の代わりに over が用いられることもある。

84 I am looking forward to hearing from her.

▶私は彼女**からの連絡**を楽しみにしている。

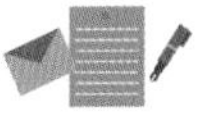

85 Teenagers are concerned about failing.

▶十代の人たちは**失敗することを心配している。**

✔ be concerned about **failing**
：失敗することを心配している

86 He is idle as usual.

▶彼は**いつもの通り**ダラダラしている。

87 As for me, I have no objection to the idea.

▶私**に関して言えば**，その考えに異議はない。

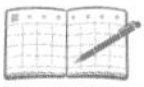

88 He left Nancy alone.

▶彼はナンシー**を一人にしておいた。**

89 I look back on one thing with regret.

▶私は後悔の念をもって１つのことを**回顧する。**

0001 050 100 150 200 250 STAGE 06 300 350 400 450 500 550 600 650 700 750

□ 290
slow down

スピードを落とす
■▶「～のスピードを落とす」と言いたい時には "slow ～ down" または "slow down ～ " という形が用いられる。

□ 291
go for a drive

ドライブに出かける
=㊞ take a drive（ドライブする）
…▸㊞ take[go for] a walk（散歩する [に行く]）
■▶ここでは drive が「運転すること」という可算名詞で用いられている。また，"go for a" の後には drive 以外の名詞も可で，「～しに行く」という意味になる。

□ 292
try ~ on

～を着てみる
…▸㊔ a fitting room（試着室）
■▶ここでの on は，「～を身につけて」〈所持・着用〉の意味。また，"try on ～ " という形をとることもある。

□ 293
take ~ for granted

～を当然のことと考える
…▸㊞ It is natural that（～なのは当然である）
■▶～の部分が長い場合には，"take for granted ～ "。

□ 294
deal in

～を扱う，商う
=㊍ sell（を売る）
…▸㊞ deal with（～を扱う，～に対処する）☞No.115
■▶ "deal in" は「～を商う」という意味なので，「売る」と「買う」のどちらなのかは文脈で判断する。"deal with" にも「～と取引をする」という用法がある。

□ 295
be anxious about

～を心配している
=㊞ be concerned about（～を心配している）☞No.285
…▸㊞ be anxious for（～を切望している）☞No.540
■▶ anxious は，何かによって心が激しく動かされて不安になっている，といったイメージの単語である。次にくる前置詞によって熟語の意味が異なる。

□ 296
be anxious to *do*

しきりに～したがっている
=㊞ be eager to *do*（しきりに～したがっている）☞No.243
■▶ anxious は期待通りになるだろうかという不安な気持ちを含む語。

290 I'm sure he'd slow down if you asked him to.

▶あなたが頼めば彼はきっと**スピードを落として**くれるでしょうに。

291 Weather permitting, we will go for a drive tomorrow.

▶天気が良ければ，明日**ドライブに出かける**予定です。

292 She suggested that I try the jacket on.

▶彼女は私がその**ジャケットを着て**はどうかと提案した。

✔ try **a jacket** on
：ジャケットを着てみる

☐ try **the coat** on
：コートを試着する

293 I take it for granted that he will meet your demands.

▶彼は**当然**君の要求に応えてくれる**と思うよ**。

294 The small shop deals in books.

▶その小さな店は，**本を商っている**。

✔ deal in **books**　：本を商う

295 She was anxious about George's influence on her son.

▶彼女は，息子に及ぼすジョージの影響**が心配だった**。

✔ be anxious about *A*'s **influence**
：*A* の影響を心配している

296 She was anxious to talk to the principal about her son. ▶彼女は息子のことで**しきりに**校長先生と**話をしたがっていた**。

✔ be anxious to **talk**
：しきりに話したがっている

□ 297 **at the beginning of**	**～の初めに** ＝㊗ in early ～（～の初めに） ㊗ early in ～（～の初めに） * ～には月，季節，時代，年などがくる ➡ ここでの beginning は begin から派生した名詞であり，at は「時」を表している。
□ 298 **first of all**	**まず第一に，何よりもまず** …›㊗ for one thing ～ (for another) …（一例を挙げると～〔もう一つは〕…） ➡ この of は「部分」を表し，原義は「全ての中で一番目に」。
□ 299 **as to**	**～について，～に関して** ＝㊗ as for（～に関しては）☞No.287 ➡ 前置詞として用いる。類義語 "as for" が文頭でのみ使われるのに対し，"as to" は文のどの位置でも使える。
□ 300 **on board**	**～に乗って；船上に；車中に** ＝㊞ aboard（〔旅客機，船，車〕に乗って） ➡ 前置詞として用いる用法と，副詞として用いる用法がある。

297 We had a heavy rain at the beginning of August.

▶**8月の初めに**大雨が降った。

✔ at the beginning of **August**
：8月の初めに

298 First of all, you have to prepare your lessons.

▶**まず第一に**，君は授業の準備をしなければならない。

299 They began to dispute as to who is the best pitcher.

▶**誰が最高の投手かについて**，彼らは言い争いを始めた。

✔ as to **who is the best pitcher**
：誰が最高の投手かについて

300 There was a large quantity of fuel on board.

▶大量の燃料が**船上に**あった。

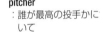

□ 301 **on business**	**仕事で，商用で** ⇔㊥ for pleasure（楽しみで，遊びに） ▶このonは「従事」を表す。また，businessは可算名詞と不可算名詞の両方の用法が存在するが，ここでは不可算名詞であるので，“on a business”などとしてはいけない。
□ 302 **sound like**	**～に思われる，～のように聞こえる** …▶㊞ seem（のように見える） ▶知覚動詞soundにlike「～のように」がついたもの。likeを後ろに伴う知覚動詞には，sound以外ではsmell, lookなどがある。
□ 303 **respond to**	**～に反応する** ＝㊥ react to（～に反応する） ▶ここでのtoは反応の宛先を意味する。
□ 304 **to begin with**	**まず第一に** ＝㊥ in the first place（まず第一に）☞No.482 ㊥ first of all（まず第一に，何よりもまず）☞No.298 ▶独立不定詞の代表的な熟語であり，「最初のうちは」という訳もあり得るので文脈に要注意。
□ 305 **as a whole**	**概して，大体において** ＝㊥ generally speaking（概して〔言うと〕）☞No.583 ㊥ as a general rule（概して） ▶wholeは，ここでは「完全なもの，統一体」という意味を持つ可算名詞のため冠詞aがつく。
□ 306 **consist of**	**～から成る** ＝㊥ be composed of（～から成る） ㊥ be made up of（～から成り立っている）☞No.350 ▶現在の状態を表すため，進行形をとることはない。
□ 307 **cannot help *doing***	**～せざるを得ない** ＝㊥ cannot help but *do*（～せざるを得ない） ▶helpはcanやcannotと用いられる場合，「～を避ける，～をこらえる」という意味を持つことが多い。

1 She's somewhere in Hokkaido now on business.
▶彼女は今，**仕事で北海道**のどこか**にいる**。

✔ **be in Hokkaido** on **business**
：仕事で北海道にいる

2 That sounds like a lot of fun.
▶それは**とても面白いように思われる**。

✔ sound like **a lot of fun**
：とても面白そう

3 How did he respond to his wife's request?
▶彼はどのように妻の**要求に応え**たのか？

✔ respond to **the request**
：要求に応える

4 To begin with, I would like to talk about my new plan.
▶**まず第一に**，私の新しい計画について話したい。

5 As a whole, the story is well written.
▶**大体において**，その物語は良く書けている。

6 The Alaskan economy these days consists of every kind of business.
▶アラスカ経済は今日では**あらゆる種類の事業から成っている**。

✔ consist of **every kind of business**
：あらゆる種類の事業から成る

7 I cannot help thinking that he committed suicide.
▶彼は自殺したと**考えざるを得ない**。

✔ cannot help **thinking**
：考えざるを得ない

STAGE 07

☐ 308
take ~ into account

～を考慮に入れる
＝[熟] take account of（～を考慮に入れる）
▶目的語が長い場合，“take into account ～ ” となることがある。

☐ 309
A* is to *B* what *C* is to *D

A と *B* との関係は *C* と *D* との関係に等しい
…▶[熟] *A* have nothing to do with *B*
（*A* は *B* とは全く関係がない）☞No.494
▶通常，*C* と *D* との関係の方が *A* と *B* との関係よりもよく知られていることを表す。

☐ 310
now that

今はもう～だから，～である以上
＝[接] since（～である以上）
▶接続詞として用いられる。that は省略可。

☐ 311
care about

～を気にする［気遣う］，～に関心がある
＝[熟] worry about（～が気にかかっている）
▶care は自動詞のため，about が必要。なお二つの訳があるため，文脈で訳を判断する。

☐ 312
as it is

実際のところは；そのままに
▶as「～のように」から,「それがそれであるように」という意味をなす。

☐ 313
go by

（時が）過ぎる，通り過ぎる
＝[熟] pass by（〔時が〕過ぎ去る，通り過ぎる）
▶時や期間が過ぎる場合と，物が通り過ぎる場合に用いられる。

☐ 314
refer to

～に言及する；～を参照する
…▶[熟] refer to *A* as *B*（*A* を *B* と言う）
▶「～を参照する」という意味もあるので注意。

☐ 315
let go of

～を放す
▶let には「放置して～させておく」というニュアンスがある。使役動詞 let の後には動詞の原形がくる。

308 I must take his idea into account.

▶私は彼の**考えを考慮に入れ**なければならない。

✔ **take the idea** into account
：考えを考慮に入れる

309 Rice is to Asians what wheat is to Europeans.

▶アジア人**にとっての**米**は**ヨーロッパ人**にとっての**麦**と同じだ。**

310 Now that you are a college student, you should think about your future job.

▶**今はもう**君は大学生なの**だから**，将来の職業のことを考えるべきだ。

☐ now that *A* **be here**
：*A* が来たからには

311 People do not care about noise as much as they used to.

▶人々はかつてほど**騒音を気にして**いない。

✔ care about **noise**
：騒音を気にする

312 Leave the stuff on the table as it is.

▶机の上の物は**そのままに**しておきなさい。

313 Three years have gone by since then.

▶その時から**3年が過ぎた。**

✔ **three years have** gone by
：３年が過ぎた

314 Don't refer to a dictionary unless you have to. ▶どうしてもというのでなければ，**辞書を参照して**はならない。

✔ refer to **a dictionary**
：辞書を参照する

315 Let go of my arm.

▶私の腕**を放してください。**

☐ 316
in return for

～のお返しに，～と引き換えに
＝[熟] in reward for（～に報酬として）
➡ 相手から何かをされたりもらったりしたことへのお返しを return という単語で表している。

☐ 317
once upon a time

昔々
➡ upon はもともと on の強意形であり，文語的である。昔話の最初の決まり文句。

☐ 318
in case

～するといけないので，もし～ならば
＝[熟] lest ～ (should)（～するといけないので）
➡ 時・条件を表す副詞節で，未来の内容も現在形で表すことに注意。二つの意味があり，文脈によって判断する必要がある。

☐ 319
make money

金をもうける
＝[熟] earn money（お金を稼ぐ）
➡ money「金」は不可算名詞なので，無冠詞となる。

☐ 320
It is time

～してよい時間だ
➡ 通例，"it's time (for *A*) to *do*"「(*A* が) ～してよい時間だ」や "it's time for *A*"「*A* の時間だ」といった形で用いる。

☐ 321
at times

時々
＝[副] sometimes（時々）　[副] occasionally（時々）
➡ ここでの at は時間を表す。time が複数形になると「いくつかの時間で」＝「時々」という意味を持つ。

☐ 322
call on

（人）を訪問する
＝[熟] call at（〈場所〉を訪問する）
　[動] visit（を訪問する）
➡ 目的語には必ず人をとる。"call at 〈場所〉", "drop in at 〈場所〉"「〈場所〉を訪問する」との混同に要注意。

☐ 323
in the meantime

とかくするうちに，その間に
…→[熟] for a while（しばらくの間）☞No.333
　[熟] all the while（その間ずっと）
➡ 時間に関連する文章の後に用いられることが多い。

316 I'll send her a gift in return for her hospitality.

▶私は彼女の**もてなしのお返しに**贈り物をしよう。

✔ in return for **the hospitality**
：もてなしのお返しに

317 Once upon a time, there lived a poor man in a village.

▶**昔々**，ある村に貧しい男が住んでいました。

318 Take your umbrella with you in case it rains.

▶**雨が降るといけないので**，傘を持っていきなさい。

✔ in case **it rains**
：雨が降るといけないので

319 He made a lot of money.

▶彼は**大金をもうけた**。

✔ make **a lot of** money
：大金をもうける

320 It is time for him to go to bed.

▶もう彼は**寝る時間だ**。

✔ It is time **to go to bed**
：もう寝る時間だ

321 At times you just have to trust your own judgment.

▶**時々**，自分自身の判断を信じなければならない。

322 Kate calls on her aunt every other day.

▶ケイトは１日おきに，**おばを訪問している**。

✔ call on *one's* **aunt**
：おばを訪問する

323 In the meantime he got over his illness.

▶**とかくするうちに**，彼の病気も治った。

0001 050 100 150 200 250 300 STAGE 07 350 400 450 500 550 600 650 700 750

☐ 324
watch out for

〜に用心する
＝[熟] look out for（〜に気をつける）
➡ 相手に注意を促す時に用いられる。命令形の文 "Watch out!" は日常会話でもよく使われる。

☐ 325
next to

〜の隣に；『否定語と共に』ほとんど〜
➡「彼は私の隣の席に座った。」は，"He took the seat next to me."（× He took my next seat.）。

☐ 326
be afraid to *do*

怖くて〜できない
…▸[熟] afraid of *doing*[that]（〜するのを［ではないかと］恐れて）
➡ "be afraid of *A*"「*A* を恐れている」と混同しないよう注意。

☐ 327
whether or not

〜かどうか，であろうとなかろうと
➡ whether は，通例 "whether ... or 〜"「…であろうが〜であろうが」といった形で用いられ，副詞節を導く。今回は，〜のところに not が入り，…の内容が省略されていると考える。

☐ 328
be expected to *do*

〜すると思われている，〜するはずだ
…▸[文] You're expected to come soon.
（あなたはもうすぐ来るはずだ。）
*「〜してください」の意味もある
➡ "expect *A* to *do*"「*A* が〜することを期待する，*A* が〜すると思う」の受動態。

☐ 329
leave ~ behind

〜を置き忘れる
＝[動] leave（を置き忘れる）
➡ behind「後ろに」と leave「置いていく」からなる。

☐ 330
save *A* from *B*

A を *B* から救う
＝[熟] rescue *A* from *B*（*A* を *B* から救う）
➡ ここでの save は「救う，助ける」という意味。from の後に，*A* の置かれた状況がくる。

☐ 331
from now on

今後は
＝[熟] after this（この後）
➡「これまでのこと」と「これからのこと」が異なる時に用いられることが多い。

EXAMPLE SENTENCE	PHRASE EXAMPLE
324 Watch out for children crossing the road. ▶道路を横切る**子供たちに用心しなさい**。	✔ watch out for **children** ：子供たちに用心する
325 Julie always sits next to John in class. ▶ジュリーは授業の時いつもジョン**の隣に**座る。	☐ **sit** next to **each other** ：隣り合わせに座る
326 I was afraid to talk to you. ▶私は**怖くて**あなたに**話しかけられなかった**。	✔ be afraid to **talk** ：怖くて話せない
327 It makes no difference whether the team wins or not. ▶そのチームが**勝とうと負けようと**同じことだ。	✔ whether **win** or not ：勝とうと負けようと ☐ whether **the bus left on time** or not ：バスが時間通りに出たのかどうか
328 His team is expected to win the game. ▶彼のチームは試合に**勝つと思われている**。 	✔ be expected to **win the game** ：試合に勝つと思われている
329 He left this book behind in the classroom. ▶彼はこの**本を**教室に**置き忘れた**。	✔ leave **the book** behind ：本を置き忘れる
330 The girl saved the child from drowning. ▶その少女は**おぼれている子供を救った**。	✔ save **the child** from **drowning** ：おぼれている子供を救う
331 We should be more economical from now on. ▶私たちは**今後**，もっと倹約すべきだ。	

TO BE CONTINUED [4/7] ➡

□ 332
free from

～がなく
＝㊊ free of（～がない）
…▸㊊ free of charge（無料で）
▶ from の後には悪い意味の語句がくることが多い。「～から自由である」＝「～がない」ということである。

□ 333
for a while

しばらくの間
…▸㊊ for a moment（ちょっとの間）☞No.124

□ 334
distinguish *A* from *B*

A と *B* とを区別する
＝㊊ tell *A* from *B*（*A* と *B* を見分ける）☞No.166
▶ distinguish 自体には「～を（はっきり）区別する」という意味がある。"distinguish *A* from *B*" の場合，*A* と *B* を分けることになる。

□ 335
by no means

決して～ない
＝㊊ not ～ at all（少しも～ない）☞No.058
▶ 非常に強い否定を表す副詞。

□ 336
out of order

（機械などが）故障して
…▸㊊ be broken（故障している）
㊊ break down（〔車等が〕故障する）☞No.175
▶ order「秩序」から，「秩序を失った」→「故障した」と考える。

□ 337
play a part (in)

（～において）役割を果たす
＝㊊ play a role (in)（〔～において〕役割を果たす）☞No.252
㊊ function as（～の役割を果たす）
▶ play は「する」「演じる」，in は「～において」の意味。

□ 338
make friends with

（人）と仲良くなる
…▸㊊ get along with（～とうまくやっていく）☞No.187
▶ "make friends" は「友達を作る」の意味。主語と目的語の少なくとも二人が存在するので，friend は常に複数形を用いる。

332 This operation is free from danger.

▶この手術に**危険はない**。

✔ **free from danger**
：危険がない

☐ **free from accidents**
：無事故で

333 Keep the windows open for a while.

▶**しばらくの間**窓を開けたままにしなさい。

☐ **for quite a while**
：かなり長い間

☐ **for a short[little] while**
：ほんの少しの間

334 Man was distinguished from all other animals by his use of tools.

▶**人間は**道具を使う点で，**ほかの全ての動物とは区別**された。

✔ **man is distinguish from all other animals**
：人間はほかの全ての動物とは区別される

335 This is by no means a coincidence.

▶これは**決して偶然の一致ではない**。

✔ **by no means a coincidence**
：決して偶然の一致ではない

☐ **by no means ordinary**
：決して人並みではない

336 This machine is out of order.

▶この機械は**故障して**いる。

337 Oil has played an important part in the progress of civilization.

▶石油は**文明の発展において重要な役割を果たし**てきた。

✔ **play an important part in the progress of civilization**
：文明の発展において重要な役割を果たす

338 I would like to make friends with people from Latin America.

▶私は**ラテンアメリカの人々と仲良くなり**たいと思う。

✔ **make friends with people from Latin America**
：ラテンアメリカの人々と仲良くなる

STAGE 07

TO BE CONTINUED [5/7] ➡

□ 339
upside down

逆さに，混乱して
…→熟 inside out（裏返しに）
熟 the other way around（あべこべに〔の〕）
➡ 上側（upside）が下（down）にきている，という語の意味から，「上下逆さま」という意味を持つ。

□ 340
no doubt

疑いなく，確かに
＝副 surely（確かに）
…→文 No doubt about it.（それは確かだ。）
➡ “no ＋名詞” で，名詞を完全に否定する。文法と文脈の両方から，修飾している部分を推測する必要がある。

□ 341
go ahead

先へ進む
➡ 命令文 “Go ahead.” で「いいですよ。」「お先にどうぞ。」などを意味し，口語表現として日常的に使われる。

□ 342
take care of *oneself*

体に気をつける
…→熟 keep *one's* condition（健康を保つ）
➡ take care of の目的語に再帰代名詞をとり，「自身の体に気をつける」という意味をなす。手紙文では，文末の挨拶に “take care (of yourself)” がよく用いられる。

□ 343
in *one's* opinion

～の考えでは
＝熟 in *one's* view（～の考えでは）
➡ in の部分は「～において」を表す前置詞。“according to”，“judging from” などの副詞句も同義。

□ 344
at work

働いて，とりかかって
…→熟 get[go] to work（仕事に着手する）
➡ 前 at は「～して，～している最中で」〈従事〉という意味。

□ 345
appeal to

（～の心）に訴える
…→形 appealing（心に訴えるような）
熟 appeal to *A* for *B*（*A* に *B* を求める）
➡ “appeal to *A* for *B*” のように，to と for が appeal に対して同時に使われる時は，to の方が文の先にくる。

339 Then turn the glass upside down.

▶それから**コップを逆さにして**ください。

✔ **turn the glass** upside down
：コップを逆さにする

340 No doubt he will be in time for the train.

▶**間違いなく**，彼は列車に間に合うだろう。

341 Go straight ahead and turn left at the next crossing.

▶**まっすぐ進み**，次の交差点を左に曲がってください。

✔ go **straight** ahead
：まっすぐ進む

342 I wish I had taken better care of myself in my youth.

▶若い頃，もっと**体に気をつけ**ればよかった。

343 In my opinion, Tom is certainly the best person to be the captain.

▶**私の考えでは**，トムは確かにキャプテンに最もふさわしい人物だ。

344 People spend more hours at work than on any other activity.

▶人々は他のどんな活動よりも**働くこと**にたくさんの**時間を費やす**。

✔ **spend hours** at work
：働くことに時間を費やす

345 This painting appealed to me.

▶その絵は**私の心に訴えかけてきた**。

✔ appeal to **me**
：私の心に訴えかける

□ 346 **in danger of**	**～の危険があって** ⇔㊦ out of danger（危険を脱して） ➡ in は状態を表す。of 以下は danger の内容を詳しく説明している。dangerが無冠詞であることに注意。
□ 347 **connect *A* with *B***	***A* と *B* を結びつける** …➡㊦ associate *A* with *B*（*A* を *B* と関係づける，*A* といえば *B* を連想する） ➡「*A* から *B* を連想する」「*A* と *B* を関連づける」という意味がある。
□ 348 **be capable of *doing***	**～することができる** ＝㊦ be able to *do*（～することができる） ⇔㊦ be incapable of *doing*（～することができない） ➡「潜在的に」できるといったニュアンスが強いという点で，“be able to *do*” と異なる。
□ 349 **accuse *A* of *B***	***B* の理由で *A*〈人〉を責める** ＝㊦ blame *A* for *B*（*B* で *A*〈人〉を非難する）☞No.542 ➡㊥ of〈理由〉を用い，*A* を責める理由を *B* にとる。
□ 350 **be made up of**	**～から成り立っている** ＝㊦ consist of（～から成る）☞No.306 …➡㊥ compose（を構成する） ➡ of はその原料を表す前置詞である。

346 They're in danger of dying out.

▶彼らには**絶滅の危険がある**。

✔ **be in danger of dying out**
：絶滅の危機に瀕している

347 Technology connects science with industry.

▶科学技術は**科学と産業を結びつけている**。

✔ **connect science with industry**
：科学と産業を結びつける

348 Man is capable of learning from the past.

▶人間は，過去から**学ぶことができる**。

✔ **be capable of learning**
：学ぶことができる

349 The coach accused us of not doing our best.

▶コーチは，**ベストを尽くさなかったことで**我々**を責めた**。

✔ **accuse *A* of not doing *A*'s best**
：ベストを尽くさないことで *A* を責める

350 The committee is made up of six members.

▶その委員会は**6人から成り立っている**。

✔ **be made up of six members**
：6人から成り立っている

□ 351
back and forth

前後に，左右に，あちこちに
…▸熟 before and behind（〔位置が〕前後に）
■▸ back は「後ろへ」，forth は「前へ」という意味である。「同じ場所を行ったり来たりしている」イメージ。

□ 352
at the foot of

～のふもとに
…▸熟 at the foot of the page（ページの下部に）
■▸ ここの at は地点を表す。foot という語は比較的狭い範囲を表すので，"in the foot of" などとしてはいけない。

□ 353
work out

～を考え出す，結果が～になる
■▸ 文脈で訳が大きく変わる。「work したら～という状態になった，うまくいった」というように，状態を表している。

□ 354
be tired of

～に飽きている
＝熟 be weary of（～にうんざりする）
…▸熟 be tired from（～で疲れる）
■▸「飽きている」を表す一般的な表現。

□ 355
be ready for

～の準備ができている
＝熟 prepare for（～の準備をする）☞No.254
■▸ 形 ready の後には副詞句の修飾がくる。それが for か to かで後にくる語の種類が変わる。for の後は名詞，to の後は動詞の原形。

□ 356
in contrast with[to]

～と対照的に，～と対比して
…▸熟 by contrast
（『前をうけて』それとは対照的に）
■▸ with[to] の後には比較対象がくる。

□ 357
set ~ on fire

～に放火する［火をつける］
＝熟 set fire to（～に放火する）
■▸ on〈状態〉から，「燃えている状態にする」という意味になる。

□ 358
be due to

～のせいである，～による
＝熟 be caused by（～による）
…▸熟 due to（～のために，～の理由で）
■▸ 形 due は「（人に）当然与えられるべき」という意味。due の後に to がくる時はこの用法が多い。

351 The chair is rocking back and forth.
▶その椅子は**前後［左右］に揺れている**。

✔ **rock** back and forth
：前後に揺れる

352 His house is at the foot of the mountain.
▶彼の家は**山のふもとに**ある。

✔ at the foot of **the mountain**
：山のふもとに

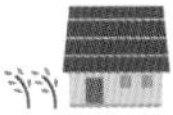

353 This is how I worked out the problem.
▶このようにして，私はその**問題を解決した**。

✔ work out **the problem**
：問題を解決する

354 Children are completely tired of watching TV.
▶子供たちは完全に**テレビを見飽きている**。

✔ be tired of **watching TV**
：テレビを見飽きている

355 No one was ready for Professor Hill's questions.
▶誰もヒル教授の**質問に答える準備ができてい**なかった。

✔ be ready for **questions**
：質問に対する準備ができている

356 Some writers have used the term 'civilization' in contrast with culture.
▶**文化と対比して「文明」**という用語を使ってきた作家もいる。

✔ **'civilization'** in contrast with **culture**
：文化と対比して「文明」

357 They set the house on fire.
▶彼らはその**家に火をつけた**。

✔ set **the house** on fire
：家に火をつける

358 This misunderstanding may be due to cultural differences.
▶この誤解は，**文化的相違のせい**なのかもしれない。

✔ be due to **cultural differences**
：文化的相違のせいである

359
run the risk of

～の危険を冒す
＝[熟] take the risk of（～の危険を冒す）
▶ここでの run は「～を冒す」という意味。run には「立候補する」「～を経営する」といった様々な意味があることに注意。

360
A* is familiar with *B

A〈人〉は *B* をよく知っている
＝[熟] be at home in[on]（～に詳しい）
▶familiar は family と語源が同じで，「自分がよく知っている」というイメージがある。

361
It is not until *A* that *B*

A して初めて *B* する
…▶[熟] up until（～〔に至る〕まで）
▶「*A* するまで *B* しない」と「*A* して初めて *B* する」のどちらでも可。文脈によって訳し分ける。

362
to *one's* heart's content

心ゆくまで
＝[熟] as much as *one* likes（心ゆくまで）
▶to は「～まで」〈程度〉を表す。[名] content「中身」とは別の意味「満足」が用いられていることに注意。

363
so as to *do*

～するように
＝[熟] in order to *do*（～するために）☞No.019
▶to は，目的を表す副詞的用法で用いられている。ほかにも副詞的用法の to には感情の原因や形容詞の意味の限定などの用法がある。

364
be subject to

～を受けやすい；～の支配を受ける
…▶[名][動][形] subject（主題 / を服従させる / 受けやすい）
▶[形] subject「受けやすい」の用法で，to の後には主語に大きな影響を与えている要因がくる。

365
be aware of

～に気づいている
＝[熟] be conscious of（～を自覚している）☞No.740
▶of の後には名詞がくるが，aware の後に that 節を持ってきて「～ということに気づいている」という意味を持たせることも可。

359 George will run the risk of developing lung cancer because of smoking.

▶ジョージはタバコのせいで肺ガン**になる危険を冒す**だろう。

✔ run the risk of *doing*
：～する危険を冒す

360 Though still young, he was familiar with the work.

▶まだ若かったけれども，**彼はその仕事をよく知っていた。**

✔ *A* is familiar with **the work**
：*A* はその仕事をよく知っている

361 It is not until we lose our health that we realize how important it is.

▶健康がどれほど大切かは，健康を失っ**て初めて**わか**る。**

362 He sang to his heart's content.

▶彼は**心ゆくまで歌った。**

✔ **sing** to *one's* heart's content：心ゆくまで歌う

363 We took a taxi so as to catch up with her.

▶私たちは彼女に**追いつくように**タクシーをひろった。

✔ so as to **catch up**
：追いつくように

☐ so as to **hear better**
：もっと良く聞こえるように

364 She is subject to colds.

▶彼女は**風邪をひきやすい。**

✔ be subject to **colds**
：風邪をひきやすい

365 He was aware of the danger.

▶彼はその**危険に気づいていた。**

✔ be aware of **the danger**
：危険に気づいている

□ 366
make progress
進歩する
＝[熟] make advance（進歩する）
➡ progress が不可算名詞であることに注意。

□ 367
express *oneself*
自分の考えを述べる
＝[熟] speak *one's* mind（思った通りのことを正直に話す）
➡ "動詞＋*oneself*" で，「自分のことを～する」という意味。

□ 368
as a matter of fact
実際のところ，実は
＝[副] actually（実際に） [熟] in fact（実際は） ☞No.020
➡ 文章の中では，前文や前のパラグラフの内容について補足する時によく用いられる。特に，前で述べた内容の具体的事実を付け加えるのによく用いられる。

□ 369
leave for
～に向けて出発する
＝[熟] set out for（～へ出発する）
➡ "leave *A*" とすると「*A* を去る」という意味になってしまうので注意。

□ 370
on duty
当直で，勤務時間中で
⇔[熟] off duty（非番で，勤務時間外で）
…→[熟] at work（働いて，仕事中で） ☞No.344
➡ ここでの on は「～に従事して」という意味。

□ 371
come up
近づいて来る
＝[動] approach（〔に〕近づく）
…→[熟] come up with（～を思いつく） ☞No.384
➡ "show up"「～をあばく」と同様に up を徐々に表れるイメージとして捉えた熟語。ほかにも「〔問題やチャンスが〕起こる」，「〔太陽などが〕のぼる」という意味もある。

□ 372
in the name of
～の名において；～の名目の下に
…→[熟] in the name of God（一体全体）
➡ ここで in は「～に従事して」という意味を表すことから，「～の名前に従事して」→「～の名のもとに」という意味をなす。

366 The player made great progress, and yet the coach was not satisfied.

▶その選手は**大いに進歩した**が，監督は満足しなかった。

✔ make **great** progress
：大いに進歩する

☐ make progress **in German**
：ドイツ語が上達する

367 I can't express myself in English.

▶私は**英語で自分の考えを述べる**ことができない。

✔ express *oneself* **in English**
：英語で自分の考えを述べる

368 As a matter of fact, he is going to the United States and Canada.

▶**実際のところ**，彼はアメリカとカナダに行く予定です。

369 We will leave for Kyoto tomorrow.

▶私たちは明日**京都に向けて出発する**。

✔ leave for **Kyoto**
：京都に向けて出発する

370 There must be a telephone operator on duty.

▶**勤務時間中の**電話オペレーターがいるに違いない。

371 A man came up and asked me the time.

▶男が**近づいて来**て，私に時刻を尋ねた。

372 There was a war in the name of freedom.

▶**自由の名の下に**戦争があった。

✔ in the name of **freedom**
：自由の名の下［もと］に

TO BE CONTINUED [3/7] ➡

☐ 373
be forced to *do*
～せざるを得ない，無理やり～させられる
＝[熟] be compelled to *do*（やむなく～する）☞No.718
　[熟] have to *do*（～しなければならない）☞No.002
▶ "force *A* to *do*"「*A*に～することを強いる」の受動態。

☐ 374
make *one's* way
進む
…→[熟] feel *one's* way（手探りで進む）
▶ "make *one's* ＋名詞"「自分の～を自分で作っていく」のニュアンスを持つ。

☐ 375
show up
現れる；目立つ；～をあばく
＝[動] appear（現れる）
…→[熟] show off（～を見せびらかす）
▶ この up は〈上への運動〉を表す。動作動詞につくことで，「〔物事や人が〕出現して」といった意味になる。

☐ 376
do without
～なしで済ます
＝[熟] manage without（～なしで済ます）
▶ "[前] without ＋名詞" の部分が do を修飾する形になっている。

☐ 377
have a party
パーティーを開く
＝[熟] hold[give] a party（パーティーを開く）
▶ have の後に開催するものを持ってくると「～を開催する」という意味になる。

☐ 378
divide *A* into *B*
***A* を *B* に分ける**
…→[熟] divide ～ in half[two]（～を半分〔二つ〕に分ける）
▶ *B* は，divide された後の *A* の状態を表す。変化を表す into が使われている。

☐ 379
by chance
偶然に
＝[副] accidentally（偶然に）
　[熟] by accident（偶然に）☞No.615
▶ 動作主を表す by「～によって」に[名] chance「偶然」がついて，「偶然によって」→「偶然に」という意味を表す。

☐ 380
die out
絶滅する
＝[熟] become extinct（絶滅する）
▶ die「死ぬ」と[副] out「完全に，すっかり」から，「完全に死ぬ」→「絶滅する」という意味をなす。

373 She was forced to speak English.
▶彼女は**英語を話さざるを得なかった**。

✔ be forced to **speak English**
：英語を話さざるを得ない

374 Anyway, I will make my way.
▶ともあれ，私は**進む**つもりだ。

375 Tom didn't show up at the party.
▶トムは**パーティーに現れ**なかった。

✔ show up **at the party**
：パーティーに現れる

376 We'll have to do without Tom's help.
▶トム**の助けなしで済まさ**なければならないだろう。

✔ do without *A***'s help**
：*A* の助けなしで済ます

377 Let's have a party next Saturday.
▶今度の土曜日に**パーティーを開**こうよ。

378 Mom divided the cake into eight pieces.
▶母はその**ケーキを８つに分けた**。

✔ divide **the cake** into **eight pieces**
：ケーキを８つに分ける

379 I came upon another new art shop by chance.
▶私は**偶然**，別の新しい美術店を見つけた。

380 They're in danger of dying out.
▶それらは**絶滅**の危機に瀕している。

381
protect *A* from *B*

A を *B* から守る
＝[熟] guard *A* from *B*（*A* を *B* から保護する）
➡ [動] protect の目的語の後に "from *B*" が入り，「～から守る」という用法になる。" 動詞＋*A*＋前置詞（of, from など）＋*B*" の形をとる熟語には重要なものが多いので確認。

382
for hours

何時間も
…→[熟] for ages（長い間）
➡ for〈期間〉の後に day や hour などの時間の単位を表す語の複数形を入れると，「その時間がずっと続いている」という意味になる。

383
for sure

確かに
＝[熟] for certain（確かに）
➡ [前] for と [形] sure が合わさると，副詞として機能する。

384
come up with

（考えなど）を思いつく
＝[熟] hit on（～〔考えなど〕を思いつく）☞No.626
[熟] think of（～を思いつく）☞No.009
➡ "come up"「生じる」に with がつくと「～と共に生じる」→「～を思いつく」という意味になる。

385
be determined to *do*

～する決心をしている
…→[熟] make up *one's* mind（決心する）
➡ [動] determine の受動態であり，熟語全体が受け身。

386
in general

一般に，概して
＝[副] generally（一般的に）
⇔[熟] in particular（特に）☞No.272
…→[熟] in total（全体で，総計で）
➡ 名詞の後に "in general" を続けると，「一般の～〈直前の名詞〉」という意味になる。

387
by now

今ごろは
＝[熟] about this time（今ごろ）
…→[熟] for now（今のところ）
➡ この by は「～までには」「未来のある時までには」という行為の完了の時点を表す。同義語の until は，「未来のある時まで」と継続した動作の終了時を表す。

381 We must protect children from traffic accidents.

▶我々は**子供たちを交通事故から守ら**ねばならない。

✔ **protect children from traffic accidents**
：子供たちを交通事故から守る

382 Children watch TV for hours with no real purpose.

▶子供たちは特に目的もなく**何時間もテレビを見る**。

✔ **watch TV for hours**
：何時間もテレビを見る

383 He didn't say for sure that he would attend.

▶彼は出席すると**確かには言**わなかった。

✔ **say for sure**
：確かに言う

384 Our president often comes up with new ideas.

▶我々の社長はよく**新しいアイディアを思いつく**。

✔ **come up with new ideas**
：新しいアイディアを思いつく

385 Dr. Watson was determined to solve the big problem.

▶ワトソン博士はその大**問題を解決する決心をしていた**。

✔ **be determined to solve the problem**
：問題を解決する決心をしている

386 In general, people become old when society considers them to be old.

▶**一般に**，社会が老人とみなした時，人は老人となる。

387 My sister ought to have arrived here by now.

▶姉は**今ごろは**ここに着いているはずだったのに。

□ 388
stare at

~をじっと見つめる
=㊐gaze at (~をじっと見つめる)
▶この場合，stare は「じっと見る」という意味の自動詞だが，他動詞や名詞の用法もある。

□ 389
may well *do*

~するのももっともだ；多分~だろう
…▸㊐may as well *do* (~した方がよい)
▶"may well" の後には動詞の原形がくる。「おそらく~するだろう」という意味にもなる。

□ 390
make a speech

演説をする
=㊐give a speech (演説をする)
▶㊔speech「演説」と㊖make「~を行う」からなる。make は後に名詞を伴い「~をする」という表現としてよく使われる。

□ 391
participate in

~に参加する
=㊐take part in (~に参加する) ☞No.119
㊖join (に加わる)
…▸㊐a participant in (~の参加者［関係者］)
▶participate は自動詞なので，"participate in" とひとまとまりで用いる。

□ 392
every other

一つおきの［に］~
=㊎alternate (一つおきの)
…▸㊐every other day (1日おきに，2日ごとに)
㊐every other Monday (隔週月曜日に)
㊐every six hours (6時間ごとに)
▶every には「~ごとに，毎~」の意味がある。「一つおき」の意味を与えているのは every でなく other である。

□ 393
dozens of

何十もの~
=㊐scores of (たくさんの~)
…▸㊔dozen (ダース，12個)
▶dozens は無冠詞複数形 (無冠詞複数形の名詞で，特に数・量を表す名詞の場合はしばしば「多くの」という意味を表す)。"thousands of"，"hundreds of"，"dozens of" のほか，"parts of"「~の多くの部分」のように，一般的な名詞にも文脈からその意味が付与される時がある。

□ 394
be up to

~次第だ；~の責任だ
=㊐depend on (~次第だ) ☞No.039
㊐lie on (~次第だ)

388 Fred started to stare at the car.

▶フレッドは**車をじっと見つめ**だした。

☑ stare at **the car**
：車をじっと見つめる

389 She may well get angry.

▶彼女が**怒るのももっともだ。**

☑ may well **get angry**
：怒るのももっともだ

390 I have to make a wedding speech tomorrow.

▶明日私は**結婚式のスピーチをし**なければならない。

☑ make a **wedding** speech
：結婚式の演説をする

391 We discussed the question whether we should participate in the project.

▶私たちは，その**事業に参加す**べきかどうかという問題について話し合った。

☑ participate in **the project**
：事業に参加する

☐ participate in **society**
：社会に参加する

392 Read every other line.

▶**１行おきに**読んで下さい。

☑ every other **line**
：１行おきに

☐ every other **day**
：１日おきに

393 I feel like eating dozens of pancakes.

▶**多くのパンケーキ**を食べたい気分だ。

☑ dozens of **pancakes**
：何十枚ものパンケーキ

394 It's up to you to decide what to do.

▶何をすべきか**決めるのは君の責任だ。**

☑ be up to *A* to decide
：決めるのは *A* の責任だ

TO BE CONTINUED [6/7] ➡

□ 395
all of a sudden

突然に，いきなり
＝[副] suddenly（突然）
[熟] all at once（突然に）☞No.688
…→[熟] out of the blue（思いがけなく）
■▶主に口語で用いられる表現。より口語的な表現としては“out of the blue”がある。

□ 396
keep up with

～に遅れずについて行く
＝[熟] keep pace with（～に遅れずについて行く）☞No.745
…→[熟] catch up with（～に追いつく）☞No.470
■▶“keep up”で，「同じ速度で進む，ついて行く」のほか「維持する，〔値段が〕高いままである」などの意味を持つ。

□ 397
reach out

（手など）**を伸ばす**
■▶[動] reachには，「達する，届く」のほか「を伸ばす」の意味がある。ただし“reach (out) for the rope”「ロープをつかもうと手を伸ばす，手を伸ばしてロープを取る」のように自動詞としても働く。[副] outも「広がり」というイメージを持つ。

□ 398
later on

後になって，後で
…→[熟] from now on（今後は）☞No.331
[文] See you (later).（さようなら。）☞No.278
■▶laterは一語で用いられることが多い。“later on”は「もっと後で」，“no later than ～”は「～より遅くなることなく」「遅くとも～までに，～以内に」を表す。

□ 399
not necessarily

必ずしも～でない
…→[熟] not always（いつも～であるとは限らない）☞No.049
■▶「必ず」「常に」「全体として」などの，〈完全〉の意味を持つ副詞の前に否定語が置かれる時，部分否定（全てが～というわけではない）となる。

□ 400
dress up

正装する
…→[熟] get dressed（服を着る）
[熟] in full dress（正装して，礼服で）
■▶「正装が必要なパーティー」は，“a dress affair”，“a dress-up party”などと言う。招待状等において，Dressは一語で「正装」を意味する。

395 All of a sudden she began to cry.

▶彼女は**突然**，泣きだした。

396 I kept up with the activities in school.

▶私は**学校の活動に遅れずについて行った**。

- ✔ **keep up with the activities in school**
  ：学校の活動に遅れずについて行く
- ☐ **keep up with the times**
  ：時代に遅れないでいる

397 He reached out his hand for the book.

▶彼は木を取ろうと**手を伸ばした**。

- ✔ **reach out *one's* hand**
  ：手を伸ばす

398 Later on, the situation was totally changed.

▶**後になって**，その状況は一変した。

399 Television in itself is not necessarily bad for children.

▶テレビ自体は**必ずしも**子供に**悪いというわけではない**。

- ✔ **not necessarily bad**
  ：必ずしも悪いというわけではない

400 You have to dress up to go to a concert.

▶コンサートに行くには**正装し**なくてはなりません。

□ 401
take the place of

～の代わりをする
＝熟 take *one's* place（～の代わりをする）☞No.422
…→熟 substitute *A* for *B*（*A* を *B* の代わりに用いる）
▶ "take place" は「〔事が〕起こる，行われる」で意味が異なるので注意。

□ 402
contribute to

～に貢献する
…→熟 help with（～を手伝う） 熟 contribute *A* for *B*（*B* のために *A*〈金・援助〉を与える）
▶ この場合 contribute は自動詞として用いられる。

□ 403
be similar to

～に似ている
＝動 resemble（に似ている）
熟 look like（〔外見上〕～に似ている）☞No.047
熟 take after（〔性質面で〕～に似る）

□ 404
be worthy of

～に値する，～にふさわしい
＝動 deserve（に値する）
…→熟 be worth *doing*（～する価値がある）☞No.071
▶ worth で書き換えられる。（例：The incident is worthy of being remembered.＝The incident is worth remembering.：その事件は記憶に値する。）

□ 405
what is called

いわゆる
＝形 so-called（いわゆる）
熟 what we[they] call（いわゆる）
▶ 挿入的な副詞節としては用いられない。
（例：× He is, what is called, a man. ○ He is what is called a man of culture：彼はいわゆる教養人だ。）

□ 406
go on a diet

ダイエットをする
…→名 diet（食事療法；〖the D-〗国会）
▶ 英語で diet は減量という意味ではなく規定食という意味で用いられるので注意。

□ 407
on purpose

わざと
＝副 intentionally（わざと）
副 deliberately（わざと）
⇔熟 by chance（偶然に）☞No.379
▶ 通常は文尾で用いる。× for purpose ○ on purpose。

401 Who will take the place of the chairperson?

▶誰が**議長の代わりをする**のか？

✔ take the place of **the chairperson**
：議長の代わりをする

402 With creative ideas we can contribute to the future of the world.

▶創造的な考えで，我々は世界の**未来に貢献する**ことができる。

✔ contribute to **the future**
：未来に貢献する

403 His handwriting is similar to mine.

▶彼の筆跡は私のもの**に似ている**。

404 The computer technology is worthy of study.

▶コンピューターの技術は**研究に値する**。

✔ be worthy of **study**
：研究に値する

405 He is what is called a self-made man.

▶彼は**いわゆる**たたき上げの人物だ。

406 I suppose you should go on a diet.

▶君は**ダイエットをする**べきだと思うよ。

407 It is likely that he was later than the appointed time on purpose.

▶彼が**わざと**約束の時間に遅れたということもありそうだ。

□ 408
do harm

(～に)害を及ぼす
＝動 damage(に損害を与える)
⇔熟 do good(〔～に〕役に立つ)
…→熟 do more harm than good(有害無益だ)
▶ "do *A* harm" = "do harm to *A*" で，目的語が入る場合は位置に注意。

□ 409
make a[the] decision

決心する
＝動 decide(を決定する)
▶ 名詞が後に続く場合，前置詞は on か about で「～についての決定」という意味になる。「～しないという決定」では against を用いる。

□ 410
out of date

時代遅れで
＝熟 out of fashion(時代遅れで)
▶ "out of ～ " で「～から外れて」。そこから「時代から外れる」→「時代遅れ」という意味。

□ 411
make an effort

努力する
…→熟 make every effort(あらゆる努力をする)
▶ 努力を全くしない時は "make no effort" と表現する。

□ 412
so much for

～はそれで終わり
…→熟 so much(そんなに多く〔の〕)
▶ 計画などを断念する時に用いる。

□ 413
take a picture

写真を撮る
…→熟 take *one's* picture(～の写真を撮る)
▶ picture「写真」の意味から，撮影することを表している。of 〈人〉を用いて「〈人〉の」ということができる。

□ 414
mean to *do*

～するつもりだ
…→熟 I mean(つまり)
▶「～する目的である」というニュアンスが強い。「～するという意味である」という意味にもなる。

□ 415
be in trouble

困っている
＝熟 (be) at a loss (to *do*[for])
(途方に暮れて〔いる〕) ☞No.503
▶ trouble「面倒，困難」と in「～の状態にある」から，「困難な状態にある」という意味になる。with を用いて「～に関して」という表現もできる。

408 Rapid industrialization has done harm to the Japanese culture.
▶急速な工業化が**日本の文化に害を及ぼし**てきた。

✔ do harm **to the Japanese culture**
：日本の文化に害を及ぼす

409 He made the decision to buy the house.
▶彼はその家を買う**決心をした**。

410 Changes in technology can make older people's skills out of date. ▶技術の変化は年配の人々の技術を**時代遅れ**にすることがある。

411 I am going to make an effort to do my work.
▶**仕事をやり遂げるために努力する**つもりです。

✔ make an effort **to do my work**
：仕事をやり遂げるために努力する

412 So much for today.
▶今日**はそれで終わりにしよう**。

413 I had my friend take my picture.
▶私は友人に**写真を撮って**もらった。

414 I mean to stay here for a few days.
▶私はここに数日**滞在するつもりだ**。

✔ mean to **stay**
：滞在するつもりだ

415 He is in trouble about the matter now.
▶彼は今そのことで**困っている**。

0001 — 050 — 100 — 150 — 200 — 250 — 300 — 350 — 400 — STAGE 09 — 450 — 500 — 550 — 600 — 650 — 700 — 750 —

TO BE CONTINUED [2/7] ➡

416
break into

～に押し入る；突然～しだす
…→[文] She broke into song.（彼女は急に歌いだした。）
■■▶招かれざる場所に無理やり入る時に使う表現。受動態では "*A* is broken into by *B*." となる。

417
face to face

面と向かって
…→[熟] hand in hand（手を取り合って）
[熟] arm in arm（腕を組んで）
■■▶「向かい合って，相対して」という意味。with を用いて「～と」という表現になる。

418
now and then

時折
＝[熟] every now and then（時折）
[熟] from time to time（時々）☞No.709
[熟] on and off（時折）
…→[副] seldom（めったに～しない）
[副] sometimes（時々）
■■▶通例文尾・文頭に用い，不規則な間隔をおいて「時々」という意味になる。頻度としては seldom と sometimes の間。

419
die of

～で死ぬ
…→[熟] die from（〔怪我など〕で死ぬ）
■■▶死因が主に病気の時に使う表現。of 以下に病気が入る。from を使う場合は怪我などが原因となる場合。

420
live on

～を常食とする；～で生活する
…→[熟] live on (a) pension（年金で暮らす）
■■▶「〔食物〕を食べて生きている」という意味と「～をよりどころに暮らす」という意味がある。

421
lie in

～にある
＝[熟] consist in（～にある）
■■▶lie の原義は「横たわっている」であり，〈存在〉を表している。「（事実・原因・関心などが in 以下）にある」という意味で用いる。

422
take *one's* place

～の代わりをする
＝[熟] take the place of（～の代わりをする）☞No.401
■■▶place「役目，役割」から，人の役割を代行する時に使う。

416 I feel really sorry that a burglar broke into their house.

▶**強盗が彼らの家に押し入った**とは本当に気の毒だ。

✔ the burglar breaks into the house
：強盗が家に押し入る

417 He wanted to talk with me face to face.

▶彼は私と**面と向かって**話をしたかった。

418 He glanced at his watch now and then.

▶彼は**時折**腕時計をちらりと見た。

419 Most patients die of these tumors.

▶たいていの患者がこれらの**腫瘍で死ぬ**。

✔ die of the tumor
：腫瘍で死ぬ

420 I wonder if he can live on such a small salary.

▶彼はあんな**安月給で生活**できるのかしら。

✔ live on a small salary
：安月給で暮らす

☐ live on rice and fish
：米と魚を常食とする

421 The beauty of bamboo lies in its simplicity.

▶竹の**美しさはその簡素さにある**。

✔ the beauty lies in the simplicity
：美しさは簡素さにある

422 Who will take his place?

▶誰が彼**の代わりをする**のか？

□ 423
from ~ point of view

～の見地から考えて［言って］
…→㊋ in the light of（～に照らして；～から見て）
■▶ view「個人的な考え・見解」から，人の個人的見解を示す時に使う。

□ 424
in despair

絶望して
…→㊊ hopeless（見込みのない）
■▶ in「～の状態で」から，絶望的な状態にあることを示す。

□ 425
put ~ together

～をまとめる；～を組み立てる
…→㊍ gather（を集める）
㊍ collect（を集める）
■▶「〔物・事〕を一緒の状態にする」という意味。目的語を put と together の間に挟むので注意。

□ 426
go wrong

失敗する，うまくいかない
…→㊋ go mad（気が狂う）
㊋ go sour（〔牛乳などが〕腐る）
■▶ wrong「良くない」状態に go「至る」という意味になる。

□ 427
be covered with

～で覆われている
＝㊋ be coated with（～で覆われている）
■▶ ㊐ with を用いる場合は「覆われている」状態を表し，㊐ by を用いる場合は「覆われる」動作を表す。また，「覆われている」というのは表面が隠されているという意味で用いる。

□ 428
adapt *oneself* to

～に順応する，～に慣れる
＝㊋ adjust *oneself* to（～に順応する，～に慣れる）
■▶ to の後ろには動詞ではなく名詞がくることに注意。

□ 429
be responsible for

～に対して責任がある
…→㊋ be to blame for（～について…が悪い［責任がある］）
■▶ 主語は人。人や物事に責任を負うという場合に用いる。

423 From a medical point of view, she should quit smoking.

▶**医学的な見地から考えて**，彼女は喫煙をやめるべきだ。

✔ from **a medical** point of view
：医学的見地からして

424 "Doctor" I said, almost in despair.

▶「先生」と私はほとんど**絶望して**言った。

425 I have to put all their ideas together.

▶私は彼らの**意見**の全て**をまとめ**なければならない。

✔ put **ideas** together
：意見をまとめる

426 Our plans went wrong.

▶私たちの計画は**うまくいかなかった**。

427 The whole ground was covered with fresh snow.

▶地面全体が**新雪で覆われていた**。

✔ be covered with **fresh snow**
：新雪で覆われている

☐ be covered with **flowers**
：花で覆われている

428 Animals can adapt themselves to changes in their surroundings.

▶動物たちは環境の**変化に順応する**ことができる。

✔ adapt *oneself* to **changes**
：変化に順応する

429 You are no more responsible for the accident than I am.

▶私と同様，あなたにはその**事故に対して責任が**ない。

✔ be responsible for **the accident**
：事故に対して責任がある

☐ be responsible for *one's* **children**
：子供に対して責任がある

TO BE CONTINUED [4/7] ➡

□ 430

be dependent on

～に頼っている

＝[熟] depend on（～に頼る） ☞No.039
[熟] rely on[upon]（～に頼る） ☞No.277
⇔[熟] be independent of（～から独立している） ☞No.664

➡ dependent は資金的な依存を表す場合が多い。また，未来の出来事が左右される場合や中毒性を示す場合にも用いる。

□ 431

graduate from

～を卒業する

…▸[動] leave（を退学する；《英》を卒業する）
[動] finish（を終える）

➡《英》では主に大学を卒業する時に用いる。from の代わりに "out of" を用いる場合は，学校から一般社会に出るニュアンスを強める。

□ 432

inform *A* of *B*

***A*〈人〉に *B* を知らせる**

＝[熟] tell *A B*（*A*〈人〉に *B* を知らせる）
[熟] let *A* know *B*（*A*〈人〉に *B* を知らせる）

➡ *A* に人，*B* に伝える内容（名詞のみ）がくる。

□ 433

punish *A* for *B*

***A*〈人〉を *B*〈行為〉で罰する**

＝[熟] scold *A* for *B*（*A*〈子供など〉を *B* の理由でしかる）

➡ punish は目的語に人をとり，for の後には罰する理由がくる。受け身では "*A* is punished for *B*" という形になる。

□ 434

look on *A* as *B*

***A* を *B* とみなす**

＝[熟] regard *A* as *B*（*A* を *B* とみなす） ☞No.178

➡ 受け身では "*A* is looked on as *B*" という形になる。on の代わりに upon を用いる場合もある。

□ 435

catch (a) cold

風邪をひく

＝[熟] take[get] a cold（風邪をひく）
…▸[熟] have a cold（風邪をひいている） ☞No.544

➡ ここでの catch は，「捕まえる」というよりは「〔病気に〕かかる，感染する」という意味で使われている。

□ 436

I cannot help it.

私にはどうしようもない。

＝[文] It can't be helped.（それは仕方がない。）

➡ 原義は「私はそれを避けることができない」であり，help には「助ける」のほか，can とともに用いて「避ける」という意味もある。

430 Japan has little oil, therefore it is dependent on import.

▶日本は石油がほとんど採掘されないので**輸入に頼っている。**

✔ be dependent on **import**
：輸入に頼っている

431 I have just graduated from high school.

▶私は**高校を卒業**したばかりだ。

✔ graduate from **high school**
：高校を卒業する

432 He informed me of the party by letter.

▶彼はそのパーティー**のことを**手紙で**知らせてくれた。**

☐ imform *A* of **the result**
：*A* に結果を通知する

433 His mother punished the boy for being bad.

▶彼の母親は，素行が悪い**ので**その少年**を罰した。**

434 We look on Edison as a great inventor.

▶私たちは**エジソンを偉大な発明家だとみなしている。**

✔ look on **Edison** as **a great inventor**
：エジソンを偉大な発明家だとみなす

435 Be careful not to catch cold.

▶**風邪をひか**ないように気をつけなさい。

436 I'm terribly sorry I'm late, but I just couldn't help it.

▶遅れて大変申し訳ありません。でも，**私にはどうしようもなかったのです。**

□ 437
be dressed in

～を着ている
＝[熟] be in（〔服など〕を着ている）
*She's in a blue dress.（彼女は青い服を着ている。）
➡ dress は目的語に人をとり，「～に着せる」という意味を持つ。ここでは受け身で形容詞的な意味となり「身支度をした，(～)を着ている」という意味をなす。前置詞に in を用いることに注意。

□ 438
go on a trip

旅行に行く
＝[動] travel（旅行する）
➡ "go（＋on, for）＋名詞" で「〔娯楽，スポーツなど〕に行く」という意味になる。また trip は「目的や期間が明確な旅行」である。

□ 439
no more than

ほんの～だ，～にすぎない
＝[形] only（ただ～だけの）
[副] just（ただ～だけ）
…▸[熟] not more than（～よりは多くはない，多くて～だ）
➡ 数や量が小さいことを強調する熟語。「～以下」ではなく，「ちょうど～しかない，～にすぎない」の意味であることに注意。

□ 440
one after another

次から次へと
…▸[熟] in succession（連続して，相次いで）
[熟] on and on（どんどん，引き続き）
➡ 原義は「一つの後にまた別の」。

□ 441
on average

平均して
➡ average「平均」の前に on をつけると，副詞的な表現となる。

□ 442
hold on

電話を切らずに待つ
＝[熟] hold the phone[line]（電話を切らずに待つ）
➡ on「続けて，先へ」と hold「状態を保つ」から，命令文で「切らずにお待ちください」になる。

□ 443
on foot

徒歩で
＝[熟] by walking（歩いて）
➡ [前] by は交通手段を示すが，徒歩の場合は "by foot" とはならないので注意。前置詞の問題で頻出。

437 The youngster was dressed in a strange shirt.

▶その若者は奇妙な**シャツを着ていた**。

✔ **be dressed in a shirt**
：シャツを着ている

438 The father was over fifty when his son went on a trip.

▶息子が**旅行に行った**時，父親は５０歳を超えていた。

439 I have no more than five hundred yen with me now.

▶今**500円しか**持ち合わせてい**ない**。

✔ **no more than five hundred yen**　：500円しかない

☐ **no more than a mile**
：わずか１マイルにすぎない

440 He reads many books one after another.

▶彼はたくさんの本を**次から次へと**読む。

441 On average, I study for three hours every day.

▶**平均して**私は毎日３時間勉強する。

442 "Can I talk to John, please?" "Sure, hold on a second." ▶「ジョンと話せますか？」「もちろん，**切らずにちょっとお待ちください**。」

✔ **Hold on a second.**
：切らずにちょっとお待ちください。

443 Two thirds of my classmates go to school on foot.

▶私のクラスの３分の２は**徒歩で通学している**。

✔ **go to school on foot**
：徒歩で通学する

☐ **set off on foot**
：徒歩で出発する

STAGE 09

□ 444 **be related to**	**～に関係のある** ＝熟 be connected with（～と関係のある） 熟 be involved in[with]（～と関係のある） ➡ relate「を関連づける」を受け身で使用した形。
□ 445 **be true of**	**～に当てはまる** ＝熟 hold good for（～に当てはまる） 熟 apply to（～に当てはまる）☞No.532 ➡「～についての真実だ」→「～に当てはまる」という意味で用いられる。
□ 446 **as ～ as ever**	**あいかわらず～（で）** …›熟 as usual（いつもの通り）☞No.286 熟 as always（いつものように） ➡ "as ＋形容詞［副詞］＋ as" を用いた表現。ever「従来通り」のニュアンスから，「以前と変わらず～（だ）」という意味になる。
□ 447 **to some extent**	**ある程度まで** ＝熟 to a certain degree（ある程度まで） ➡ extent は「範囲」「程度」「限界」を示す語。しばしば前 to と共に使われる。
□ 448 **go well**	**うまくいく** ＝熟 work out（うまくいく）☞No.353 ➡ "work out" がそれ自体で「事がうまく運ぶ，良い結果となる」を表すように，"go well" も「事が滞りなくうまくいく」という意味で用いられる。
□ 449 **in a row**	**一列に；連続して** …›熟 two nights in a row（二夜続けて） 熟 wait in line（並んで待つ〔縦列〕） ➡ row と line の違いは，row が横並びの列，line が縦に並んだ列とされるのが通例。数詞つきの複数名詞と共に用いられるのが一般的。
□ 450 **to tell (you) the truth**	**実を言うと** ＝副 actually（実を言うと） 熟 as a matter of fact（実際のところ，実は）☞No.368 …›熟 to be honest（正直に言って） 熟 to be frank with you（率直に言えば）☞No.250 熟 to speak generally（一般的に言って） 熟 to make matters worse（さらに悪いことには）☞No.595 熟 needless to say（言うまでもなく）

444 These two cultures are related to each other.
▶この二つの文化は**お互いに関係がある**。

☑ **be related to each other**
：お互いに関係がある

445 The same is true of everybody else.
▶同じことが他の**誰にでも当てはまる**。

☑ **be true of everybody**
：誰にでも当てはまる

446 Common sense is as useful now as ever.
▶常識は今も**あいかわらず役に立つ**。

☑ **be as useful as ever**
：あいかわらず役に立つ

447 I accept what you say to some extent.
▶君の言うことは**ある程度まで認めます**。

☑ **accept *A* to some extent**
：ある程度まで *A* を認める

448 The party went well.
▶パーティーは**うまくいった**。

449 They were standing in a row.
▶彼らは**1列に並んで立っ**ていた。

☑ **stand in a row**
：(横) 1 列に並んで立つ

☐ **lose seven games in a row**
：7 連敗する

450 To tell the truth, I didn't bring any money.
▶**実を言うと**，私は全くお金を持ってこなかった。

451
shake hands with

(人)と握手する
＝[熟] clasp hands (握手する)
➡ 握手するには手が二つ必要なので，hands と複数形になっている。同じ考え方のイディオムとしては，"make friends with *A*"「*A* と友達になる」がある。

452
give in (to)

(～に)屈服する，(～に)降参する
＝[動] yield (to) (〔～に〕屈する)
[動] concede (譲歩する)
[動] surrender (降参する)
➡「譲歩する」の意味もある。

453
a bit of a ~

多少は～，ちょっとした～
…→[熟] a bit of (〈量〉少しの～)
[熟] a bit (少し)　[熟] a little bit (いささか)
➡「わずかばかりの」という意味で，好ましくない場面で使われる。(例："I've got a bit of a problem."：ちょっとした問題を抱えていてね。) また，反語的に「ひとかどの人・物」という意味になることもある。(例："It's a bit of a book."：それは大した本だ。)

454
more or less

多かれ少なかれ；およそ，だいたい
＝[副] approximately (おおよそ)
…→[熟] sooner or later (遅かれ早かれ) ☞No.581
➡ more と less という反対の意味を対句的に並べたイディオム。文字通り「多かれ少なかれ」と，「だいたい」という意味がある。

455
to be sure

確かに
…→[熟] ～ to be sure , but … (確かに～だが…)
➡ 副詞句のように用いる。「確かに」「当然」の意を持つ語句はしばしば but と呼応して「確かに (当然) ～だが，しかし…」となる。筆者の主張は but 以下にあることが多い。

456
get through

～を通り抜ける；～をやり遂げる
＝[熟] be through with (～を終えている) ☞No.711
[動] finish (を終える)
[動] complete (を完成させる)
…→[熟] go through (～を経験する) ☞No.267
➡ through「〔始めから終わりまで〕通り抜けて」から，「最後まで通り抜ける，やり遂げる」という意味となる。

451 The hero wanted to shake hands with the princess.
▶主人公は**王女と握手し**たがった。

✔ **shake hands with the princess**
：王女と握手する

452 He would not give in to anyone in an argument.
▶彼は議論では誰にも**屈服し**ようとしなかった。

☐ **finally** gave in
：ついに降参した

453 He is a bit of a poet.
▶彼には**ちょっと詩人らしい**ところがある。

✔ a bit of a **poet**
：ちょっと詩人らしい

454 People are more or less egotistic.
▶人は，**多かれ少なかれ**利己的だ。

☐ more or less **the same**
：だいたい同じ

455 He is a very nice person, to be sure.
▶彼は**確かに**とても素晴らしい人だ。

456 She got through a great deal of work in a day.
▶彼女は１日に**多くの仕事をやり遂げた。**

✔ get through **a great deal of work**
：多くの仕事をやり遂げる

TO BE CONTINUED [1/8] ➡

□ 457
look down on

~を見下す，~を軽蔑する
＝㊐ despise（を軽蔑する）
⇔㊍ look up to（~を尊敬する）☞No.601
▶「見下げる」→「軽蔑する」という意味になる。反意語は “look up to” だが，前置詞が on と to で異なるので注意。

□ 458
apart from

~は別として
＝㊍ except for（~を除いては）☞No.162
▶ “apart from *A*” で「*A* から離れて」という意味で，そこから派生。

□ 459
hold on to

~にしがみつく
＝㊍ cling to（~にしがみつく）
㊍ hang on to（~にしがみつく）
▶ on は「接触」を表す。hold，hang 共に「〔手で〕つかんで離さない」イメージ。類義語 “cling to” は「〔心的に〕執着する」の意味もある。

□ 460
in favor of

~に賛成して；~のために
＝㊌ for（~のために）
⇔㊌ against（~に反対して）
▶ favor（《英》favour）は「親切（心）」「好意」「支持」の意味。be 動詞の補語の位置に置くと「賛成している」という意味を表す。

□ 461
lose sight of

~を見失う
⇔㊍ catch sight of（~を見つける）☞No.705
…▶㊍ in sight（見えるところに）
㊍ on[at] sight（見てすぐ）
▶ sight には「視界」「視覚」の意味がある。「見る」「視覚」関連のイディオムに用いられる。

□ 462
in need of

~を必要として
＝㊍ call for（〔物・事が〕~を必要とする）
▶ “in need of” の後ろには，*doing*（動名詞）が続くこともある。通例 be 動詞の補語の位置にくる。

□ 463
make out

~を理解する
＝㊐ understand（を理解する）
㊍ figure out（~を理解する）
…▶㊍ make *A* out of *B*（*B* で *A* を作る）☞No.208
▶ “make out” は多義語で「〘通例 can を伴い否定・疑問文で〙~を理解する」のほか，「うまくいく，暮らす」「~を作成する，~を書く」などの用法がある。

457 We are apt to look down on lifestyles that differ from ours.
▶私たちは自分たちと違う**生活様式を軽蔑し**がちだ。

✔ look down on **lifestyles**
：生活様式を軽蔑する

458 Apart from baseball, I don't watch TV.
▶**野球は別として**，私はテレビを見ない。

✔ apart from **baseball**
：野球は別として

459 She held on to the rock.
▶彼女は**その岩にしがみついた**。

✔ hold on to **the rock**
：岩にしがみつく

460 People are in favor of the project.
▶人々は**その計画に賛成して**いる。

✔ in favor of **the project**
：計画に賛成して

461 The ship was lost sight of in the fog.
▶その船**は**霧の中で**見失わ**れた。

☐ lose sight of **the main point**：主要な点を見失う

462 The house was still badly in need of repair.
▶その家は，まだとても**修理を必要として**いた。

✔ in need of **repair**
：修理を必要として

463 Can you make out what that sign says?
▶**あの標識の意味が理解**できますか？

✔ make out **what the sign says**
：標識の意味を理解する

0001 050 100 150 200 250 300 350 400 450 STAGE 10 500 550 600 650 700 750

☐ 464
for the moment

さしあたり
＝[熟] for the present（さしあたり）
[副] temporarily（一時的に）
➡ for は〈範囲，時〉を表すが，the がつくような特定の期間を指す場合は通常 during を用いるので注意。moment は「瞬間，時，時期」を表す。

☐ 465
for nothing

無駄に；ただで
＝[熟] for free（ただで）　[熟] in vain（無駄に）☞No.487
➡ nothing は「何も～ない」のほか，「つまらない」という形容詞としての意味もある。（例：a nothing movie：つまらない映画）この表現は会話文でよく用いられる。

☐ 466
What ~ for?

なぜ～？，何の目的で～？
＝[疑] Why ～？（なぜ～？，何の目的で～？）
[熟] How come?（なぜ～？，何の目的で～？）
⋯▸[熟] What is ～ like?（～はどんな人［物］か？）
➡ "What for?" で用いられることもあるが，"For what ～?" という表現はしないので注意。会話表現で頻出。また，疑問文ではあるものの，語尾の発音は肯定文の場合と同じである。

☐ 467
Here you are.

はい，どうぞ。
＝[文] Here it is.（はい，どうぞ。）
⋯▸[文] Here we are.（さあ，着きました。）
➡ 会話表現で用いられる定型句。直接手渡すような場合に用いる。少し離れたところに置いたような場合は "There you are." と表現する。"Here you are." は「人」に重点があるのに対して，"Here it is." は「物」に重点がある。

☐ 468
at first sight

一見して
＝[熟] at a glance（一見して）
[熟] at first glance（一目見ただけで）
⋯▸[熟] at (the) sight of（～を見て）☞No.580
➡ sight「見ること」「一見」と "at first"「初めは」から，「一見して」「一目で」という意味になる。

☐ 469
hurry up

急ぐ
＝[熟] make haste（急ぐ）
⋯▸[熟] be in a hurry（急いでいる）
[動] rush（を急いでする）
➡ 自動詞として「急ぐ」という意味もあるが，他動詞として相手をせかす際にも用いられる表現。

464 The monkey was left with the police for the moment.

▶**さしあたり**，その猿は警官に預けられた。

465 I'm not a farmer for nothing.

▶私は**無駄に**農夫をやっているわけではない。

466 What on earth did you go to such a place for?

▶一体**なぜ**君はそんなところに行ったのか？

467 "Could you pass me the salt, please?" "Here you are."

▶「塩を取ってください。」「**はい，どうぞ。**」

468 I recognized you at first sight.

▶私は**一見して**君だとわかった。

469 Hurry up, or you will miss the train.

▶**急が**ないと電車に間に合いませんよ。

□ 470
catch up with

～に追いつく
…→動 overtake（に追いつき追い越す）
▶ catch「捕まえる」と up「達する」に with〈対象〉がついて,「～に追いつく」という意味を表す。類義語 overtake の「を追い越す」の意味はない。

□ 471
in a sense

ある意味では
＝熟 in a way[manner]（ある意味では）
…→熟 in the sense that ～（～という意味では）
▶ sense は「感覚」「良識」のほか,「意味」という意味もある。

□ 472
at home in

～に精通して
＝熟 be familiar with（～に精通している）
…→熟 at home（くつろいで；在宅して）
熟 make *oneself* at home（くつろぐ）
▶ "at home"「気楽に，くつろいで」に in〈状態〉がつくと,「くつろいだ状態でいられる」→「～に精通して」という意味をなす。"at home" は多義的に用いられるので注意。

□ 473
for the purpose of (*doing*)

～のために，～(する)目的で
＝熟 in order to *do*（～するために）☞No.019
熟 so as to *do*（～するように）☞No.363
▶ 類義語 "in order to *do*"，"so as to *do*" は不定詞を伴う。

□ 474
add *A* to *B*

***A* を *B* に加える**
＝熟 add in（～を加える,〈費用〉を算入する）
…→熟 add to（～を増す）
熟 sum up（～を合計する）
▶ 他動詞 add「を加える」が目的語 *A* をとり,「*B* に *A* を加える」という意味になる。

□ 475
in terms of

～の点から，～によって；～の言葉で
…→熟 from ～ point of view（～の見地から考えて）☞No.423 熟 in respect of（～に関しては）☞No.677
熟 in point of（～に関して）
▶ term は,「期間」のほか「言い方」という意味もある。in〈手段〉がつき,「～の点から」という意味になる。

470 Sam couldn't catch up with his secretary.
▶サムは**秘書に追いつく**ことができなかった。

✔ catch up with *one's* secretary
：秘書に追いつく

471 In a sense what he says is true.
▶**ある意味では**彼の言うことは本当だ。

472 He is at home in the subject.
▶彼は**そのテーマに精通して**いる。

✔ at home in **the subject**
：テーマに精通して

473 He bought the land for the purpose of building a store.
▶彼は**店を建てるために**その土地を買った。

✔ for the purpose of **building a store**
：店を建てるために

474 Please add his name to the list.
▶彼の**名前を名簿に加え**てください。

✔ add **the name** to **the list**
：名前を名簿に加える

475 The paper discusses the problem in terms of politics.
▶その論文はその問題を**政治の点から**論じている。

✔ in terms of **politics**
：政治の点から

□ 476
fill out

(書類など)**に書き込む**
=㊞fill in(～に記入する)
…→㊞fill up(～を満たす)
■▶fill は「をいっぱいにする・満たす」が本義であり,out「完全に」がついて「に書き込む」の意味になる。"fill in" も同義。

□ 477
be accustomed to (*doing*)

～(すること)に慣れている
=㊞be used to (*doing*)(～〔すること〕に慣れている) ☞No.202
…→㊞used to *do*(～するのが常だった) ☞No.014
■▶"be used to *doing*" よりも堅い語。「慣れる」という状態への変化を表す場合には,be 動詞の代わりに become, get を用いる。to の後が不定詞ではなく動名詞になることに注意。

□ 478
decide on

～に決める
=㊞fix on(～に決める)
■▶自動詞の decide に on がついた形で,受動態も可。ただし,wh 節を伴う時や受け身では on が省略されるのが一般的。他動詞の decide の目的語は,動名詞ではなく不定詞をとる。

□ 479
be true to

～に忠実だ,～に正確だ
…→㊞true to life(本物そっくりの)
■▶true「忠実な」(原義)と to から,「～に忠実だ」の意味になる。別の表現で言い換えも可(例:She is true to her word.= She is as good as her word.:彼女は約束を忠実に守る)。

□ 480
hear of

～のことを聞く,～のうわさを聞く
=㊞hear about(～について詳しく聞く)*hear of より具体的内容について聞く
■▶「〔人・物・事〕を耳にする」という意味で,完了形・疑問文・否定文で多く用いる。受動態も可。

□ 481
and that

しかも…
…→㊞in addition(さらに,ほかに)
㊞moreover(さらに)
㊞besides(～のほかに)
■▶moreover や besides などとは違い,前の語句によって表されたことを繰り返す代わりに強意的に表す場合に用いる。前の語句を that が受ける形で代名詞となっている。

476 Then you just have to fill out this card.
▶あとは君はこの**カードに書き込む**だけだ。

✔ fill out **the card**
：カードに書き込む

477 We are accustomed to getting up early.
▶私たちは**早起きすることに慣れている**。

✔ be accustomed to **getting up early**
：早起きに慣れている

478 She decided on the most beautiful doll.
▶彼女は**一番きれいな人形に決めた**。

✔ decide on **the most beautiful doll**
：一番きれいな人形に決める

479 The translation is quite true to the original.
▶その翻訳は**原書に**全く**忠実だ**。

✔ be true to **the original**
：原書に忠実だ

480 If he should hear of your marriage, he would be shocked.
▶もしあなたの**結婚のことを聞い**たら，彼はショックを受けるだろう。

✔ hear of *A*'s marriage
：*A* の結婚のことを聞く

481 He makes mistakes, and that very often.
▶彼は間違いをする。**しかも**しょっちゅうだ。

☐ 482
in the first place
まず第一に
＝[熟] first of all（まず第一に）☞No.298
➡ first のみでも同様の意味を表すが，“in the first place” とすることで強意形となる。“for the first time”「初めて」とは意味が異なるので注意。

☐ 483
strictly speaking
厳密に言えば
＝[熟] to be exact（厳密に言うと）
…▸[熟] generally speaking（概して〔言うと〕）☞No.583
[熟] frankly speaking（率直に言うと）
[熟] roughly speaking（大ざっぱに言えば）
➡ [副] strictly は「厳密に」という意味。

☐ 484
make *oneself* understood
話が通じる，自分の言葉［考え］を人にわからせる
➡ 使役動詞 make「〜させる」の “make *A B*”「*A* に *B* させる」から，“make *oneself* understood”「自分の言うことを相手にわからせる」という意味になる。

☐ 485
recover from
〜から回復する
…▸[動] regain（を回復する）*recover より強意的
➡ recover は「失ったもの」「損失」などを回復する際に用いられる。これに対し，「秩序」を回復する場合は restore を用いる。

☐ 486
in any case
とにかく，いずれにせよ
＝[熟] in any event（いずれにせよ）
[副] anyway（とにかく〈口語的〉）
…▸[熟] in case（もし〜ならば）☞No.318
➡ case「特定的な個々の出来事・事情」（本義）と any「どんな〜でも」から，「どんな事情でも」→「とにかく」という意味をなす。

☐ 487
in vain
無駄に
＝[副] vainly（無駄に）
➡ [形] vain「空の，実質のない」（原義）は，「無駄な，無益な」という意味を持つ。

☐ 488
out of breath
息を切らして
＝[熟] short of breath（息を切らして）
➡ “out of”「〔一時的に〕〜がなくなって，不足して」と breath「呼吸」からなる。

482 The book is worth reading in the first place.

▶まず第一にその本は読む価値がある。

483 Strictly speaking, that is illegal.

▶厳密に言えば，それは違法だ。

484 Can you make yourself understood in English?

▶あなたは英語で話が通じますか？

✔ make *oneself* understood in English
：英語で話が通じる

485 If the patient takes this medicine, he'll recover from the disease.

▶その患者はこの薬を飲めば，病気から回復するだろう。

✔ recover from the disease
：病気から回復する

486 In any case we have to take a taxi.

▶とにかく，タクシーに乗らなければならない。

487 He spent a day repairing the car in vain.

▶彼は自動車を修理するのに，無駄に１日費やした。

488 The old lady was out of breath from climbing up the stairs.

▶その老婦人は階段を登って息を切らしていた。

✔ out of breath from climbing up the stairs
：階段を登って息を切らして

□ 489
eat out

外食する
＝㊥dine out（〔改まった〕食事を外でする）
➡自動詞の eat に副 out「外へ［で］」がついて「外で食べる」→「外食する」という意味になる。

□ 490
owe *A* to *B*

A に関して *B* のおかげだ
…→㊥owe *B* to *A*（*A* に *B*〈金〉を借りている）
➡owe「所有する」（原義）は，通常「借りている」という意味で用いられるが，転じて「～のおかげで」という意味もある。

□ 491
change *A* for *B*

A を *B* と交換する
…→㊥change into（～に変わる）
➡change は「取り替える」「交代する」が原義である。"（動詞）*A* for *B*" という表現はよく用いられるので，*A* と *B* は比較・等価であるという原義から考えるとよい。

□ 492
object to (*doing*)

～（すること）に反対する
＝㊥oppose *doing*（～することに反対する）
➡to 不定詞ではなく，to の後に動名詞をとる限られた表現。

□ 493
It is likely that

～しそうである，多分～だろう
➡「特定の場合に起こり得ることを予想する」際に用いる。that 節には通例 will を用いる。

□ 494
have nothing to do with

～とは全く関係がない
…→㊥have something to do with（～と何か関係がある）
➡他動詞の have「を持っている」と nothing「〔関係性が〕ない」から，「関係を持っていない」という意味になる。nothing の位置には something，much，little なども入り関係性の度合いを示す。

□ 495
keep away from

～に近づかない
…→㊥out of touch with（～には接触しないで）
➡keep は「を続ける」のほか，「～のままでいる」の意味もある。away「離れて」と合わさって，「離れたままでいる」→「～に近づかない」という意味となる。

489 We ate out on my birthday.

▶私たちは，私の誕生日に**外食した**。

490 I owe my success to good luck.

▶私が**成功したのは幸運のおかげだ**。

✔ owe (a) success to good luck
：成功したのは幸運のおかげだ

491 I changed my dress for another.

▶私は**ドレスを別のものと交換した**。

✔ change the dress for another
：ドレスを別のと取り替える

492 Nobody can object to my going to the university.

▶私が**大学に行くことに**誰も**反対**できない。

✔ object to going to the university
：大学に行くことに反対する

493 It is likely that he will live to eighty.

▶彼は 80 歳まで生き**そうだ**。

494 I have nothing to do with that thief.

▶私はあの**泥棒とは全く関係がない**。

✔ have nothing to do with the thief
：泥棒とは全く関係がない

495 Please keep away from me.

▶私**に近づかない**でちょうだい。

☐ 496

make up

〜を(組み合わせて)作る

…→㊞ make up with(〈人〉と仲直りする) ㊞ make up for(〔不足・損失など〕を補う) ☞No.271

■▶ "make *A* up / make up *A*" は「〔組み合わせて〕*A* を作る」のほかに,「*A* を構成する」「*A* に化粧をする」などの意味がある。

☐ 497

quite a few

かなり多数(の)

＝㊞ a number of(多くの〜) ☞No.059

…→㊞ a few(いくらかの〜) ☞No.003

■▶ ㊟ few「ほとんどない」は "a few" で「いくつかの」という意味になり, quite〈強調〉がつくと「かなり多数の」という意味になる。後には複数形の可算名詞がくることに注意。

☐ 498

of value

価値のある

＝㊟ valuable(価値がある)

■▶ ㊔ value「価値」は「価値がある」「強い」(原義)も意味する。"of value" だけで形容詞的な働きをするが, value の前に形容詞を伴って「〜の価値がある」という意味を表すこともある。

☐ 499

take turns (at) *doing*

交代で〜する

…→㊞ by turns(交代で)

■▶ ㊔ turn「順番」を複数形で用いる。似たように複数形を用いる表現には, "change trains"「列車を乗り換える」"change *one's* shirts"「シャツを着替える」"shake hands"「握手をする」などがある。

☐ 500

put down

〜を置く, 〜を下に降ろす；〜を書き留める；〜を鎮圧する

＝㊞ take down(〜を降ろす；〜を書き留める)
㊞ write down(〜を書き留める) ☞No.153

⇔㊞ pick up(〜を拾いあげる)

496 We need two more musicians to make up a band.

▶**バンドを作る**ためにあと２人ミュージシャンが必要だ。

☑ make up **a band**
：バンドを作る

☐ make up **the team**
：チームを作る

497 Quite a few people gathered in the square.

▶**かなり多数の人々**が広場に集まった。

☑ quite a few **people**
：かなり多数の人

☐ quite a few **words wrong**
：かなり多数の単語を間違って

498 The books are of great value.

▶その本は**非常に価値がある**。

☑ of **great** value
：非常に価値がある

499 They took turns driving the car.

▶彼らは**交代で運転した**。

☑ take turns **driving the car**
：交代で運転する

500 Time is up! Put down your pencils.

▶時間です！　**鉛筆を置きなさい**。

☑ put down **a pencil**
：鉛筆を置く

☐ put **the phone** down
：受話器を置く

Lesson 2 よく出る会話表現②

下線をつけた英文が入試で問われた会話表現です。
会話全体の流れを理解して，その場面といっしょに覚えましょう。

⑤ A : Why don't we go for a drive?
B : I really don't feel like it today.
A : Well, what would you like to do?
B : Nothing. I'm just going to stay home.

〈訳〉A : ドライブに行きませんか？
B : 今日はそんな気分じゃないの。
A : それじゃ何をしたいのですか？
B : 何も。ただ家にいるわ。

⑥ A : What would you like to order, sir?
B : I'll have the ham and eggs.
A : How would you like your eggs?
B : Scrambled, please.

〈訳〉A : ご注文は何になさいますか？
B : ハムエッグにします。
A : 卵はどのようにいたしましょうか？
B : スクランブルでお願いします。

⑦ A : We're having a party. Would you like to come?
B : Is it all right if I bring a friend with me?
A : Why not?
B : Then I'd love to come.

〈訳〉A : 私たちはパーティーを開きます。来ませんか？
B : 友達を連れて行ってもいいですか？
A : もちろんです。
B : それでは，ぜひ行きたいです。

⑧ A : Are you going to the ball game tomorrow?
B : Yes.
A : Could you give me a ride?
B : Sure. Shall I pick you up at 5:30?

〈訳〉A : 明日の野球の試合を見に行く予定ですか？
B : はい。
A : 車に乗せていってくださいませんか？
B : もちろんいいですよ。５時３０分に迎えに行きましょうか？

ESSENTIAL ENGLISH IDIOMS FOR
The Common Test for University Admissions

ROUND 3

STAGE 11-15

No.501–750
(250 idioms)

【頻出度】
★

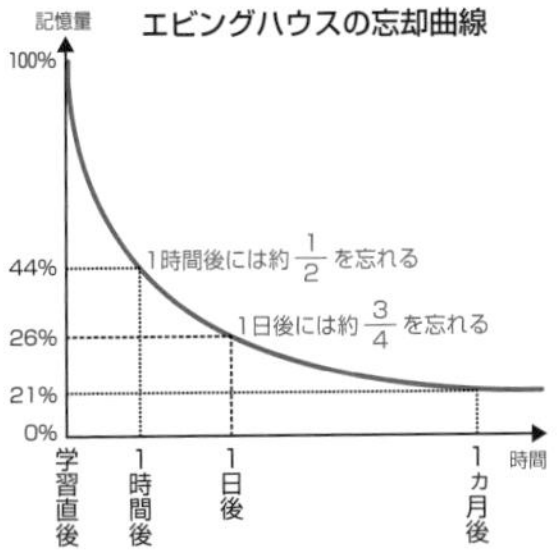

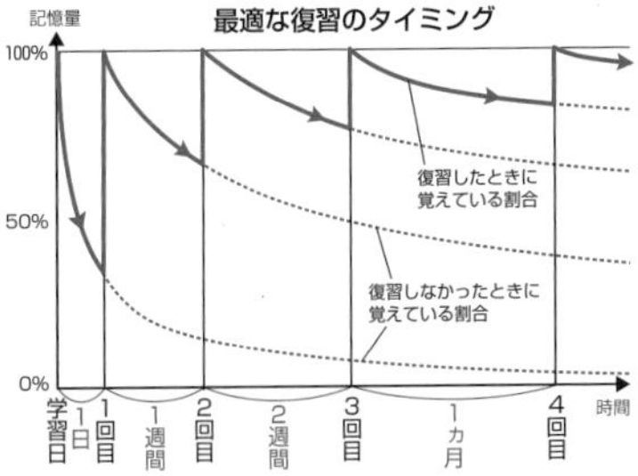

	STAGE	1回目	2回目	3回目	4回目
脳科学の研究によると，最も効果的な復習のタイミングは， ❶1回目…学習した翌日 ❷2回目…その1週間後 ❸3回目…そのまた2週間後 ❹4回目…そのまた1カ月後 であると言われています。右の表に学習した日付（または○や✓など）を記入して，忘れがちな英単語を効率的に復習していきましょう。	11				
	12				
	13				
	14				
	15				

□ 501
in use

使われて(いる)

…→㊇ come into use (使われるようになる)

➡ use は動詞「を使う」として用いられることが多いが，名詞「使うこと」という意味もある。be 動詞と共にこの表現が使われ，「状態」を示す in がつくことで「使われている」という意味になる。

□ 502
in advance

前もって

＝㊊㊎ beforehand (前もって)

…→㊇ in advance of (〜に先だって)

➡ advance は通例動詞「〜を進める」として用いられるが，「前へ」が原義である。具体的な時間は "two weeks in advance" のように直前に置く。

□ 503
(be) at a loss

途方に暮れて(いる)

➡ loss は「失うこと」(本義)から，「困っている」状態を表す場合にも用いられる。

□ 504
be sure of

〜を確信している

＝㊇ be certain of[about] (〜を確信している)
㊇ be convinced of (〜を確信している) * やや強意的 ☞No.727

➡ 確かな証拠や根拠に基づく確信を表す certain に対し，sure は主観的な判断に基づく確信を表す。be sure that 節で言い換えることもできる。(例："I'm sure of his success."="I'm sure that he will succeed.")

□ 505
head for

〜に向かって進む

＝㊇ head toward (〜へと向かう)

➡ head は名詞「頭」のほか，動詞としての意味も持つ。㊍ head と for〈方向・対象〉から，「進んでいく」という意味になる。

□ 506
be familiar to

〜によく知られている

＝㊇ be well known to (〜によく知られている)

➡ "be known to" よりも「よく」知られている場合を表し，"be well known to" とほぼ同義。

□ 507
be sick of

〜にうんざりしている，いやになっている

＝㊇ be fed up with (〜にうんざりしている)

…→㊇ be tired of (〜に飽きている) ☞No.354

➡ sick は，「病気の」のほか「むかついて」「うんざりして」の意味もある。

501 At first, tatami mats could be folded or rolled like a carpet when they were not in use.

▶初め畳は，**使わない**時はじゅうたんのように折り畳んだり，丸めたりできる物だった。

✔ **not in use**
：使用していない

---

502 If you want to reserve seats, you will have to pay in advance.

▶席を予約したいのなら，**前もってお金を払わ**なければならないだろう。

✔ **pay in advance**
：前もってお金を払う

---

503 I was completely at a loss.

▶私は全く**途方に暮れて**いた。

☐ **be at a loss when to start**
：いつ出発してよいか途方に暮れている

---

504 We are sure of our success.

▶我々は自分たちの**成功を確信している**。

✔ **be sure of (a) success**
：成功を確信している

---

505 At the department store, he headed for the bag department.

▶デパートで，彼は**バッグ売り場の方に向かって進んだ**。

✔ **head for the bag department**
：バッグ売り場の方に向かって進む

---

506 The butterfly is familiar to us.

▶その蝶は私たち**によく知られている**。

---

507 I am sick of his lecture.

▶彼の**講義にはうんざりしている**。

✔ **be sick of the lecture**
：講義にうんざりしている

STAGE 11

0001 050 100 150 200 250 300 350 400 450 500 550 600 650 700 750

TO BE CONTINUED [1/7] ➡

□ 508
on the verge of

～の間際に
＝㊞ on the brink of（～の瀬戸際で）
➡ verge は「縁，端」→「間際」という意味がある。on〈状態〉がつくと，「間際に」という状態を表す。通例「好ましくない状態・行為の間際に」という意味で用いられる。

□ 509
be known to

～に知られている
＝㊞ be familiar to（～によく知られている）
☞No.506
➡ 事実・真実として確信していることを示す know の受け身の形。受け身では通常 by が用いられるように思えるが，by の場合には「知ろうとして知る」ことを示し，「知られている」状態とはニュアンスが変わる。

□ 510
when it comes to

～のことになると
…➡㊞ talking of（～と言えば）
➡ この表現では，come は「達する」の意味で用いられている。to は通例不定詞を作り，このように後に動名詞や名詞をとる表現は限られている。

□ 511
by nature

生来，本来
＝㊟ naturally（生来）
㊞ by birth（生まれながらの）
➡ nature は「自然」のほか，「天性，性質」という意味もある。この熟語は “He is by nature a wise man.”「彼は生まれつき賢い」というように be 動詞と共に用いられ，nature だけで言い換えると “He has a wise nature.” となる。

□ 512
on fire

燃えて（いる）
＝㊞ be burning（燃えている）
➡ ㊟ on は「～の状態で」という意味を持ち，燃えている状態を表す。似た使われ方として “on sale”「販売中」などがある。

□ 513
be caught in

～（雨など）にあう
…➡㊞ be caught in a traffic jam（交通渋滞にあう）
➡ catch は「を意識的につかむ」だけでなく，「偶然につかむこと」の意味もある。後者の意味の場合，自然現象が主語になることもある。

508 The yacht is on the verge of turning over.

▶そのヨットはまさに**転覆間際**だ。

✔ on the verge of **turning over**：転覆間際で

509 The city is known to almost everyone in Japan for its old castle.

▶その市は古いお城で日本の**ほとんどの人に知られている**。

✔ be known to **almost everyone**：ほとんどの人に知られている

510 When it comes to tennis, no one can beat Fred.

▶**テニスのことになると**，誰もフレッドを負かすことはできない。

✔ when it comes to **tennis**：テニスのことになると

☐ when it comes to **fashion**：流行のことになると

511 She is by nature a generous person.

▶彼女は**生来**寛大な人だ。

512 Two houses were on fire.

▶家が２軒**燃えて**いた。

513 I was caught in a shower on my way home from school.

▶私は学校からの帰り道で**にわか雨にあった。**

✔ be caught in **a shower**：にわか雨にあう

□ 514 **right away**	**ただちに** ＝㊞ at once（すぐに）☞No.095 ㊞ right now（今すぐに）☞No.076 ㊞ in no time（あっという間に）☞No.631 ➡ 主に，未来・過去を示す文で用いられる。
□ 515 **cope with**	**～に［を］うまく対処［処理］する** ＝㊞ deal with（～を処理する）☞No.115 ➡「打つ」が原義。問題などを打ってうまく処理する様子。同じ表現で「争う」という意味もあるので注意。
□ 516 **give birth to**	**～を生む** ＝㊍ bear（を産む） …→㊍ breed（〔動物が〕〔子〕を産む） ➡ "give *A* birth" や受け身表現は不可。
□ 517 **from place to place**	**あちらこちらへ** ＝㊞ here and there（あちらこちらに〔で〕） …→㊞ over here（こちらに） ㊞ over there（あちらに） ㊞ all over（～じゅうで）☞No.023
□ 518 **get together**	**集まる；～を集める** ＝㊞ come together（集まる） ㊍ gather（を集める；集まる） ➡「一緒に」「得る」→「集まる」という意味になる。
□ 519 **long for**	**～を切望する** …→㊞ wish for（〔容易には得られないもの〕を望む） ㊞ yearn for（～を切望する） ㊌ anxious（切望している） ➡ yearn よりも口語的。また anxious には，期待通りになるかという不安が含まれている。
□ 520 **carry on**	**～を続ける** ＝㊞ go on *doing*（～し続ける）☞No.087 ㊍ continue(to *do*[*doing*])（～〔すること〕を続ける） ➡ on の後には名詞のほか，動名詞がくることが多い。
□ 521 **compete with *A* for *B***	***B* を得るために *A* と競争する** ＝㊞ contend with（～と争う） ➡ with は against に，for *B* は "to *do*" に置き換え可能。

514 The ambulance came right away.
▶救急車は**すぐにやって来た**。

✔ **come** right away
：すぐに来る

515 He was able to cope with the situation.
▶彼は**その状況をうまく処理する**ことができた。

✔ cope with **the situation**
：その状況にうまく対処する

516 She gave birth to a daughter yesterday.
▶彼女は昨日**女の子を生んだ**。

✔ give birth to **a daughter**
：女の子を生む

517 My family moved from place to place in my childhood.
▶子供の頃，私の家族は**あちらこちらへ引っ越した**。

✔ **move** from place to place
：あちらこちらへ引っ越す

518 We got together and discussed the problem.
▶我々は**集まって**問題を論じた。

519 She longs for your return.
▶彼女はあなたが**帰ってくるのを切望している**。

✔ long for ***A*'s return**
：*A* が帰ってくるのを切望する

520 Everyone carried on singing and drinking.
▶誰もが**歌ったり飲んだりし続けた**。

✔ carry on **singing and drinking**
：歌ったり飲んだりし続ける

521 We competed with the students from all over the world for the prize. ▶我々は**その賞を得るために**世界中から来た**生徒と競争した**。

✔ compete with **the students** for **the prize**
：賞を得るために生徒と競争する

STAGE 11

□ 522 **apply for**	**～を求める，～に申し込む** ＝㊊ ask for（～を求める） …→㊊ apply to *A* for *B*（*A* に *B* を求める） ➡ for の目的語 *A* は仕事や許可，援助などが主。
□ 523 **search for**	**～を探す** ＝㊊ look for（～を探す）☞No.038 ➡ "search *A* for *B*" で「*B* を求めて *A* を探す」という意味になる。
□ 524 **hand down**	**～（伝統など）を伝える** ＝㊊ pass down（～を伝える） ➡ 通例，受動態で用いることに注意。
□ 525 **be pleased with**	**～が気に入っている，～に喜んでいる** ＝㊊ be delighted with（～をとても喜ぶ） ➡ please は「を喜ばせる」という意味の動詞。
□ 526 **beyond description**	**言い表せないほどに** …→㊐ beyond（～の向こうに） ㊔ description（記述，描写） ➡ 「描写の向こうにある」→「言葉で表現できない」という意味になる。
□ 527 **scarcely ~ when**	**～するかしないうちに…** ＝㊊ scarcely ～ before ; hardly ～ before ; no sooner ～ than（～するとすぐに…）☞No.722 ➡ 主に過去完了を用いる。倒置法を用いて "Scarcely had I ～" のように表すこともある。
□ 528 **have no choice but to *do***	**～せざるを得ない** ＝㊊ be obliged[compelled] to *do*（やらねばならない） ➡ この but は except と似たような意味を持つ。
□ 529 **be filled with**	**～でいっぱいだ** ＝㊊ be full of（～でいっぱいの） ➡ full「（～で）満ちた」は形容詞，fill「を満たす」は他動詞である。

522 Tom is going to apply for a new job.
▶トムは**新しい仕事の申し込みをする**つもりだ。

✔ **apply for a new job**
：新しい仕事を申し込む

523 Helicopters flew around to search for a lost boy. ▶**迷子の少年を探す**ためにヘリコプターが飛び回った。

✔ **search for a lost boy**
：迷子の少年を探す

524 Folk tales in England were handed down from generation to generation.
▶イギリスの民話は**代々伝えられてきた**。

✔ **be handed down from generation to generation**
：代々伝えられる

525 Her mother is more pleased with the results than she is.
▶彼女の母親は彼女よりも**その結果に喜んでいる**。

✔ **be pleased with the results**
：結果に喜んでいる

☐ **be pleased with *A*'s work**
：*A* の仕事ぶりを気に入っている

526 Her life was miserable beyond description.
▶彼女の生活は，**言葉では表現できないほど**悲惨だった。

527 I had scarcely said a word when he entered the room.
▶私が言葉を発するとすぐに彼が部屋に入ってきた。

528 You have no choice but to accept the situation.
▶あなたはその状況**を受け入れざるを得ない**。

✔ **have no choice but to accept *A***
：*A* を受け入れざるを得ない

529 The room was filled with furniture.
▶その部屋は**家具でいっぱいだった**。

✔ **be filled with furniture**
：家具でいっぱいだ

TO BE CONTINUED [4/7] ➡

☐ 530
pass for
〜で通用する
＝熟 pass as（〜として通る）
➡「〔偽物として〕通る」というニュアンスがある。

☐ 531
be engaged in
〜に従事している
＝熟 engage *oneself* in（〜に従事する）
…→熟 be involved in（〜に関係している）
➡ 従事している物事の「中にいる (in)」のイメージ。

☐ 532
apply to
（人・団体など）に当てはまる
…→熟 apply *A* to *B*（*A* を *B* に適用する）
➡ "apply *A* to *B*"「*A* を *B* に適用する」と "apply to *A* for *B*"「*A* に *B* を求める」を混同しないように注意。

☐ 533
contrary to
〜に反して
＝熟 opposite to（〜と正反対の）
➡ contradictory よりも弱い語。

☐ 534
be angry with
（人）に腹を立てている
…→熟 get angry with[at]（〜に腹を立てる）
➡「人によって怒らされている」という意味なので angry を過去分詞とみなして受動態の語順をとる。ただし，前置詞が by ではないことに注意。

☐ 535
be entitled to
〜の資格［権利］がある
＝熟 have the right to（〜の権利がある）
➡ to の後には動詞も名詞もとることができる。

☐ 536
aim at
〜を狙う，〜を目掛ける
c"aim *A* at *B*" は「*A* を *B* に向ける」

☐ 537
get hold of
〜を理解する；〜を捕まえる
＝動 catch（を捕まえる）
➡ "... hold of" という表現に用いられる動詞には get, take, lay, catch などがあるが「〜を理解する」という意味を持つのは "get hold of" と《主に英》lay hold of のみ。

☐ 538
take pride in
〜を誇りに思う
＝熟 be proud of（〜を誇りに思う）☞No.190
➡ pride, proud はそれぞれ「誇り」「誇りを持っている」という意味の名詞と形容詞である。

530 He looks very young, so he passes for twenty.
▶彼はとても若く見えるので**20歳で通用する**。

✔ pass for **twenty**
：20歳で通用する

531 They are engaged in the trade with Spain.
▶彼らはスペインとの**貿易に従事している**。

✔ be engaged in **the trade**
：貿易に従事している

532 This law applies to everybody.
▶この法律は**万人に当てはまる**。

✔ apply to **everybody**
：万人に当てはまる

533 My brother's ideas about music are contrary to my own.
▶音楽に関する兄の考え方は私**とは反対**である。

534 He was angry with his son.
▶彼は**息子に腹を立てていた**。

✔ be angry with *one's* **sun**
：息子に腹を立てている

535 All members are entitled to attend the meeting.
▶会員はみんな会合**に出席する資格がある**。

✔ be entitled to **attend** *A*
：*A* に出席する資格がある

536 He aimed at a target with a gun.
▶彼は**銃で標的を狙った**。

✔ aim at **a target with a gun**
：銃で標的を狙う

537 At last we got hold of our friend.
▶やっと我々は**友人を捕まえた**。

✔ get hold of **a friend**
：友人を捕まえる

538 I was not sure whether to take pride in my good fortune. ▶自分の**幸運を誇りに思う**べきかどうか自信がなかった。

✔ take pride in **good fortune**
：幸運を誇りに思う

STAGE 11

539
insist on

～を主張する
＝[熟] insist upon（～を主張する）
[動] claim（～だと主張する）
▶ 受動態で使うことも可。"insist on" ⇔ "insist that" の書き換えが問われることがある。（例：She insisted on his going there. ⇔ She insisted that he (should) go there.）

540
be anxious for

～を切望している
＝[熟] be eager for（～を熱望している）
[熟] long for（～を切望する）☞No.519
▶ anxious のニュアンスとして期待の中に不安を抱いていることを含んでいる。

541
admire *A* for *B*

A〈人〉の *B* に感心する［*B* を賞賛する］
＝[熟] praise *A* for *B*（*A* の *B* を賞賛する）
…▶[熟] esteem *A* for *B*（*A* の *B* を高く評価する）
▶ for を用いずに "admire *B*[*A*'s *B*] で表すことも可能。

542
blame *A* for *B*

B で *A*〈人〉を非難する
＝[熟] accuse *A* of *B*（*B* の理由で *A*〈人〉を責める）☞No.349
[熟] hold *B* against *A*（*B* で *A* を非難する）
▶ accuse よりも意味は弱い。

543
talk *A* into *doing*

A を説得して～させる
＝[熟] persuade *A* into *doing*（*A* を説得して～させる）
▶ talk は通例人を目的語にとらないが，この形では *A* の位置に人がくる。into には「別の状況への変化」を表す意味があり，「*A* に話をして～をするという状況にさせる」が原義。受け身では "*A* is talked into *doing*" の形になる。

544
have a cold

風邪をひいている
＝[熟] be sick with a cold（風邪をひいている）
▶ have の場合は a を省略できないが，catch, get の場合は省略可。ただし，"bad cold" のように形容詞を伴う場合は省略不可。

539 He insisted on paying for the dinner.

▶彼は食事代を**払うと主張した**。

✔ insist on **paying**

：支払うことを主張する

540 Fred's father was anxious for his son's revival.

▶フレッドの父は息子の**回復を切望していた**。

✔ be anxious for **revival**

：回復を切望している

541 Everybody admired her for saving the old man from drowning.

▶皆は彼女**が**，**老人が**溺れているの**を助けたことに感心した**。

✔ admire *A* for **saving the old man**

：*A* が老人を助けたことに感心する

542 We are likely to blame others for our personal failures.

▶私たちは自分たちの**個人的な失敗で他人を非難し**がちだ。

✔ blame **others** for **personal failures**

：個人的な失敗で他人を非難する

543 I can talk him into lending me the car.

▶彼**を説得して**，私に**車を貸させる**ことができます。

✔ talk *A* into **lending a car**

：*A* を説得して車を貸させる

544 I missed classes yesterday because I had a cold.

▶**風邪をひいていた**ので，昨日授業を休んだ。

☐ 545 **be sure to *do***	**きっと～するだろう** …→㊥ sure enough（やっぱり） ■▶否定形に気をつける。（例：She is sure to succeed. →× She isn't sure to succeed.：彼女は成功するかわからない。○I'm not sure of her success./I'm not sure that she will succeed.：私は彼女が成功するかわからない。）
☐ 546 **as such**	**そういうものとして** …→㊕ appropriately（しかるべく） ■▶語順を逆にして"such as"とすると,「～のような」という具体例を挙げる語句となる。
☐ 547 **set aside**	**～をとっておく；～を無視する** ＝㊥ put aside（～をとっておく） ■▶ as や for, "to *do*" を続けると, とっておく理由や内容を説明できる。
☐ 548 **some ~ or other**	**何らかの～** …→㊥ in some way (or other)（何らかの点で） ㊥ or so（～かそのくらい） ■▶ or other は不確実性を表す句。
☐ 549 **be certain to *do***	**間違いなく～する** ＝㊥ be sure to *do*（必ず～する）☞No.545 ■▶ "It is certain that～" = "I'm certain of～" などの書き換えができるようにしておく。（例:It is certain that he will win.=I'm certain of his winning.=He will certainly win.=He is certain to win.）
☐ 550 **take to**	**～に熱中する；～をし始める；～が好きになる** ＝㊥ be fond of（～が好きで）☞No.209 ■▶ "take to" の後ろは，名詞か動名詞がくる。

545 The day is sure to come when your dream will come true.

▶君の夢が実現する日が**きっと来るだろう**。

✔ be sure to **come**
：きっと来るだろう

546 She is a lady and expects to be treated as such.

▶彼女は貴婦人で，**そういうものとして**対応されることを望んでいる。

547 The financial problems were set aside.

▶経済的な問題**はわきに置か**れた。

✔ set aside *A*
：*A* をわきに置く

548 She was talking to some man or other.

▶彼女は**誰か男の人**と話していた。

✔ some **man** or other
：誰か男の人

549 The police are certain to arrest Harry.

▶警察は**間違いなく**ハリー**を逮捕する**。

✔ be certain to **arrest** *A*
：間違いなく *A* を逮捕する

550 My dog has taken to sleeping on the sofa.

▶うちの犬はソファーの上で**寝始めた**。

✔ take to **sleeping**
：寝始める

□ 551
at *one's* best

最高の状態で，最盛期で
…→熟 do *one's* best（全力を尽くす）☞No.234
熟 in full bloom（〔花が〕満開で）
▶「見ごろ」の意味でも使われる。

□ 552
in order

順番に；整って
…→熟 put ～ in order（～を整頓する）☞No.657
▶ "in order" の後に that や "to *do*" をつけると，異なる意味を持つ。

□ 553
the former, (the latter)

前者，（後者）
▶ "the former", "the latter" は並べられた順番に前者，後者を指すが，this, that は近いものが this になるため，前者が that, 後者が this となる。

□ 554
put on weight

太る
＝熟 gain weight（太る） 熟 get fat（太る）
▶ "get fat" は直接的な表現になるため，できるだけ weight を使う。対義語は，熟 lose weight（やせる）。

□ 555
jump to *one's* feet

飛び上がる
…→熟 spring to *one's* feet（飛び起きる）
▶「さっと立ち上がる」という意味もある。

□ 556
out of the question

問題にならない，不可能で
＝形 impossible（不可能な）
▶ the を省略することはできない。

□ 557
can afford to *do*

～する余裕がある
▶通常，否定文や疑問文で用いる。娯楽や趣味などの「余裕」がないことに使う。

□ 558
in the way

邪魔になって
…→動 interrupt（邪魔をする；中断する）
▶後に of を続けると「～の邪魔になって」という意味になる。

551 The cherry blossoms in the park are at their best now.

▶公園の桜は今が**最盛期**だ。

552 I have just finished putting the room in order.

▶部屋の**整理**が今終わったところです。

☐ **tell** *A* **the events** in order
：*A* に事件を順を追って話す

553 I keep horses and cattle; the former for riding, the latter for milking.

▶私は馬と牛を飼っている。**前者は**乗用で，**後者は**乳を取るためだ。

554 You have certainly put on a lot of weight.

▶確かにずいぶんと**太った**な。

555 John jumped to his feet the moment the bell rang.

▶ジョンは**ベルが鳴ったとたんに飛び上がった**。

☑ jump to *one's* feet **the moment (that)** ～
：～したとたん飛び上がる

556 His plan is out of the question.

▶彼の計画は**不可能**である。

557 I can't afford to eat in such an expensive restaurant.

▶そんな高いレストランで**食事をする余裕は**，私には**ない**。

☑ can't afford to **eat**
：食事をする余裕がない

558 The big desk is in the way.

▶大きな机が**邪魔になって**いる。

0001 050 100 150 200 250 300 350 400 450 500 550 STAGE 12 600 650 700 750

□ 559
think much of

～を尊重する，～を高く評価する
＝[熟] make much of（～を重んじる）
▶進行形は不可。通例否定文で使われる。疑問詞を使った文の場合は how よりも what が標準的。

□ 560
keep in contact with

(人)との接触を保つ
＝[熟] keep in touch with（～との接触を保つ）
▶touch, contact には「接触」という意味がある。

□ 561
say hello to

(人)によろしくと伝える
＝[熟] give *one's* regards to（～によろしくと伝える）
▶regards も hello も「よろしくという挨拶」という意味がある。

□ 562
on the whole

概して，全体から見れば
＝[副] generally（普通）
[熟] generally speaking（概して〔言うと〕）☞No.583
▶まれに，on の代わりに upon を用いることもある。

□ 563
hold back

～を控える，抑える
＝[動] control（を統制する）
[動] repress（を抑制する）
▶「ためらう」という意味もあり，後に from を続けるとためらう内容を示すことになる。

□ 564
present *A* with *B*

A〈人〉に *B* を贈る
＝[熟] present *B* to *A*〈人〉（*B* を *A*〈人〉に贈る）
▶通例，*A*〈人〉が代名詞の場合は "present *A* with *B*"，それ以外の時は "present *B* to *A*" を用いる。

□ 565
put off

～を延期する
＝[動] postpone（を延期する）
▶"put off" の後に動詞がくる場合は動名詞にする。不定詞は不可。

□ 566
in anger

怒って
＝[形] angry（怒った）
▶何に対する anger（怒り）かについては[前] at, for, against を用いて説明する。

559 I don't think much of his property.
▶私は彼の**財産を高く評価して**いません。

✔ **think much of the property**
：財産を高く評価する

560 Father kept in contact with us by mail and telephone.
▶父は手紙と電話で我々**との接触を保った。**

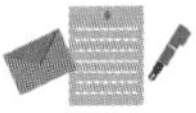

561 Please say hello to your wife.
▶**奥さんによろしくと伝えて**ください。

✔ **say hello to *A*'s wife**
：*A* の奥さんによろしくと伝える

562 The weather this month has been good on the whole.
▶今月の天気は**概して**良かった。

563 She tried to hold back her anger.
▶彼女は**怒りを抑え**ようとした。

✔ **hold back *one's* anger**
：怒りを抑える

564 They presented him with a gold watch.
▶彼らは彼**に金時計を贈った。**

✔ **present *A* with a gold watch**：*A* に金時計を贈る

565 You can't put off handing in your report.
▶**レポートの提出を延期する**ことはできません。

✔ **put off handing in the report**
：レポートの提出を延期する

566 She was in great anger.
▶彼女はとても**怒って**いた。

0001 050 100 150 200 250 300 350 400 450 500 550 STAGE 12 600 650 700 750

☐ 567
in place of

~の代わりに
＝[熟] in *one's* place（~の代わりに）
…▸[熟] instead of（~の代わりに）☞No.028
▸ of の目的語の place「場所」に in「いる」ことから，「~に代わって」という意味になる。

☐ 568
be crazy about

~に夢中だ
＝[熟] be keen on（~に夢中だ）
▸ on や over, for を用いることもある。

☐ 569
do away with

~を廃止する
＝[動] abolish（を廃止する）
…▸[動] discontinue（を中断する）
▸ 前置詞に注意。受動態での表現も可能。

☐ 570
be essential to

~にとって不可欠だ，絶対必要だ
＝[熟] be indispensable to（~に不可欠である）
▸ that 節を用いて言い換える場合，that 節内は仮定法現在，もしくは should を用いる。

☐ 571
just the same

それでもやはり，でも
＝[熟] all the same（それにもかかわらず，それでも） [副] however（しかしながら）
▸ 文・節の初め，あるいは終わりに使う。

☐ 572
eat up

~を食べ尽くす；~を使い尽くす
…▸[熟] use up（~を使い果たす）
▸ up には「完全に~してしまう」という意味がある。

☐ 573
settle down

落ち着く；定住する
…▸[動] immigrate（〔外国から〕移住する）
[動] emigrate（〔外国へ〕移住する）
▸ "settle down to" とすると「~に本気で取り組む」という熟語になる。

☐ 574
go about

~に取りかかる
▸ ほかに「動き回る」「広まる」「付き合う」などの意味がある。

☐ 575
fall on

(曜日などが)~に当たる
▸ 原義は「落ちる」。そこから派生して，「に襲いかかる」という意味もある。

567 I will go in place of her.
▶彼女の代わりに僕が行くよ。

568 She is crazy about building model planes.
▶彼女は模型の飛行機を作るのに夢中だ。

✔ **be crazy about building model planes**
：模型の飛行機を作るのに夢中だ

569 She wants to do away with the old rules.
▶彼女は古い規則を廃止したいと思っている。

✔ **do away with the old rules**
：古い規則を廃止する

570 She is essential to our success.
▶私たちの成功にとって彼女は不可欠だ。

✔ **be essential to success**
：成功にとって不可欠だ

571 Mie has a lot of shortcomings, but I like her just the same. ▶ミエは欠点が多いが，それでもやはり私は彼女が好きだ。

572 Eat up your lunch.
▶お昼を全部食べてしまいなさい。

573 He settled himself down into his chair.
▶彼は椅子に落ち着いた。

✔ **settle *oneself* down into the chair**
：椅子に落ち着く

574 Go about your job!
▶自分の仕事に取りかかれ。

✔ **go about *one's* job**
：仕事に取りかかる

575 Mother's Day falls on the second Sunday in May.
▶母の日は５月の第二日曜日に当たる。《米》

✔ **fall on the second Sunday**
：第二日曜日に当たる

□ 576
make the most of

～を最大限に活用する
…→㊞ make the best of
(～を最大限に活用する)
➡ 有利な条件を利用する場合に用いる。

□ 577
behave *oneself*

行儀よくする
➡ behave は「自分自身を完全に支配する」が原義。「自己をコントロールする」→「行儀よく振る舞う」こと。

□ 578
hand over

～を引き渡す
=㊞ turn over (～を引き継ぐ)
➡ 引き渡す相手は to を使って表す。

□ 579
turn in

～を提出する；～を返却する
=㊞ hand in (～を提出する) ☞No.201
㊐ submit (を提出する)
㊐ return (を返却する)

□ 580
at (the) sight of

～を見て
…→㊞ out of sight (見えないところに)
㊞ in sight (見えるところに)
➡ "at sight" で「見てすぐ」の意味。

□ 581
sooner or later

遅かれ早かれ，いずれは
=㊞ early or late (遅かれ早かれ)
…→㊞ right or wrong (良かれ悪しかれ)
➡ 英語では「早かれ遅かれ」の順番で語句が並ぶ。

□ 582
under way

進行中で
…→㊞ under arrest (逮捕されて)
㊞ under consideration (考え中で)
➡ under には従属のニュアンスがあるため，支配や監督，もしくは動作・行為中を表す。

□ 583
generally speaking

概して(言うと)
=㊞ in general (一般に) ☞No.386
㊞ as a rule (概して)
㊞ on the whole (概して) ☞No.562
➡ 文修飾の決まり文句。

576 Try to make the most of his good point.
▶彼の**長所を最大限に活用する**ようにしなさい。

✔ **make the most of *one's* good point**
：～の長所を最大限に活用する

577 Behave yourself at a party.
▶パーティーでは**行儀よくしなさい。**

578 The thief was handed over to the police.
▶**泥棒**は警察に**引き渡さ**れた。

✔ hand over **the thief**
：泥棒を引き渡す

579 You must turn in your assignment by Friday. ▶あなたは金曜日までに**課題を提出し**なければいけません。

✔ turn in **an assignment**
：課題を提出する

580 The thief ran away at the sight of a policeman.
▶その泥棒は**警察を見て走り去った。**

✔ **run away** at the sight of **a policeman**
：警察を見て走り去る

581 Sooner or later you have to take the exam.
▶**遅かれ早かれ**，あなたはそのテストを受けねばならない。

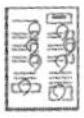

582 The building of a new church is under way.
▶新しい教会の建築が**進行中だ。**

583 Generally speaking, roads are narrow in Japan.
▶**概して言うと**，日本では道路が狭い。

□ 584 **as good as**	**～も同然で** ＝副 almost（ほとんど）　副 nearly（ほとんど） ➡ "as good as" は≒と同じ働きをする。
□ 585 **do ~ a favor**	**～の願いを聞く，～に親切にする** ➡ "Would you do me a favor?"「お願いを聞いていただけますか？」は決まり文句。
□ 586 **with all**	**～にもかかわらず** ＝熟 for all（～にもかかわらず） 熟 in spite of（～にもかかわらず）☞No.098 ➡ "with all" には，所持している状況で「～があるので，～があれば」という意味もある。
□ 587 **attach *A* to *B***	***A* を *B* に取り付ける** …→熟 be attached to（～に執着している） ➡ "attach *A* to *B*" には「*A*〈重要性・責任など〉が *B* にあると考える」という意味もある。
□ 588 **so to speak**	**いわば** ＝熟 as it were（いわば） ➡ "as it were" は "so to speak" よりも堅い表現。
□ 589 **in detail**	**詳細に** …→熟 give full details of（～を詳しく述べる） ➡ in details は×。
□ 590 **much less**	**なおさら～でない** …→熟 much more（ましてや～だ，なおさら～だ） ➡ "much less" は否定文に，"much more" は肯定文に使う。
□ 591 **drop out**	**脱落する；退学する** …→熟 drop off（落ちる；脱落する） ➡ drop「落ちる」と out「外へ」からなる。
□ 592 **end with**	**～で終わる** ＝熟 close with（～で終わらせる） …→熟 end in（結局～に終わる）☞No.164 ➡ by を続けて，終わらせる内容を表す。

584 The man who stops learning is as good as dead.
▶学ぶことをやめた人は**死んだも同然**だ。

✔ as good as **dead**
：死んだも同然

585 Will you do me a favor?
▶**お願いを聞いて**もらえますか？

586 Susan accepts her friend with all his faults.
▶スーザンは友人の**数々の欠点にもかかわらず**彼を受け入れている。

✔ with all *one's* **faults**
：～の数々の欠点にもかかわらず

587 Attach your name tag to all of your belongings.
▶自分の全ての**持ち物に名札をつけなさい**。

✔ attach *one's* **name tag** to *one's* **belongings**
：持ち物に名札をつける

588 He is, so to speak, our king.
▶彼は，**いわば**私たちの王様だ。

589 There was no time to explain in detail.
▶**詳細に説明している**時間はなかった。

✔ **explain** in detail
：詳細に説明する

590 He can't support himself, much less a family.
▶彼は自活できない。**なおさら**家族は養え**ない**。

☐ much less **write**
：なおさら書くことはできない

591 One runner twisted his foot and dropped out.
▶一人の選手が足をねんざして**脱落した**。

592 The concert ended with a Bach piece.
▶コンサートは**バッハの作品で終わった**。

✔ end with **a Bach piece**
：バッハの作品で終わる

□ 593
catch the train

列車に間に合う［乗る］
⇔[動] miss（に乗りそこなう）
➡ catch はバス・列車など定時運行する交通機関に使う。

□ 594
pick out

〜を選ぶ；〜を見つけ出す
＝[動] choose（を選ぶ）　[動] select（を選ぶ）
…▸[熟] pick up（〜を拾いあげる）
➡ "pick up" は形が類似しているが，「見分ける」「見出す」の意味では使えないので注意。

□ 595
to make matters worse

さらに悪いことには
＝[熟] what is[was] worse（さらに悪いことには）
[熟] worse still（さらに悪いことには）
＊主に文頭で
➡ 主に文頭で使われる。

□ 596
be short of

〜が不足している
…▸[熟] run short of（〜が不足する）
➡ run short of との使い分けに注意。

□ 597
for *one's* part

〜としては
…▸[熟] as for（〜に関しては）
＊通常文頭にくる ☞No.287
➡ 意見を述べる際に文頭にくることが多い。

□ 598
agree to

〜に同意する
…▸[熟] agree to *do*（〜することに同意する）
[熟] agree with（〜に賛成する）☞No.265
➡ to の後に名詞がくるのはもちろん，動詞原形，動名詞をとることもある。人に同意する場合の前置詞は with。

□ 599
Don't mention it.

どういたしまして。
＝[文] You're welcome.（どういたしまして。）
➡「どういたしまして。」には "You're welcome." が一般的だが，様々なパターンがある。

□ 600
take it easy

のんびりする，気楽にやる
➡「むきになるなよ」「頑張れよ」といった意味もある。

593 Do you intend to catch the eight o'clock train tomorrow?

▶明日**8時の列車に乗る**つもりですか。

✔ catch the **eight o'clock train** : 8時の列車に乗る

594 He picked out the address of one "Margaret K." in Boston.

▶彼はボストンの『マーガレット・K』の**住所を見つけ出した**。

✔ pick out **the address** : 住所を見つけ出す

595 To make matters worse, it started to rain.

▶**さらに悪いことには**，雨が降ってきた。

596 I am short of cash at the moment.

▶今は**現金が不足している**。

✔ be short of **cash** : 現金が不足している

597 For my part I agree to his plan.

▶私**としては**，彼の案に賛成です。

598 Some people agree to his plan.

▶彼の**計画に同意する**人もいる。

✔ agree to **the plan** : 計画に同意する

599 "Thank you very much." "Don't mention it."

▶「どうもありがとう。」「**どういたしまして。**」

600 Please take it easy here.

▶ここでは**のんびりして**ください。

□ 601
look up to

～を尊敬する；～を見上げる
＝[動] respect（を敬う）
⇔[熟] look down on（～を見下す，～を軽蔑する）
☞No.457
➡「見上げる」様子が原義。

□ 602
be apt to *do*

～しがちだ，～する傾向がある
…▸[熟] tend to *do*（～する傾向がある）☞No.048
➡ 普通はけなして使う。

□ 603
at the risk of

～の危険を冒して
…▸[熟] run a risk（危険を冒す）
➡ "at the risk of" と類義語 "at risk to"「（命など）を賭けて」の the の有無，前置詞の違いに注目。

□ 604
in the direction of

～の方向に
＝[前] toward（～の方へ）
➡ direction に冠詞 the をつけ忘れないように注意。

□ 605
if it were not for

もし～がなければ
＝[熟] were it not for（もし～がなかったら）
[前] without（～がなければ）
➡ 現在の時点における仮定を表す表現である。"but for ～" あるいは without ～と書き換え可。

□ 606
in person

自分で，自ら
…▸[熟] for *oneself*（自分で；自分のために）☞No.093
➡（代）名詞の後で使うと「実物の」といった意味になる。

□ 607
be suitable for

～に適している
＝[熟] be fit for[to *do*]（～［するの］に適している）
➡ for のほかに to, "to *do*" を用いることもできる。

□ 608
what is more

さらに
＝[熟] in addition（さらに）　[副] moreover（その上）
➡ "what is worse" も "what is more" のように「さらに」という意味だが，否定的な内容に用いられる。

601 The man is looked up to as a reliable lawyer.
▶その人は**信頼できる弁護士として尊敬されている**。

✓ **be looked up to as a reliable lawyer**
：信頼できる弁護士として尊敬される

602 A careless person is apt to make mistakes.
▶不注意な人は**ミスをしがちである**。

✓ **be apt to make mistakes**
：ミスをしがちである

603 He saved the baby at the risk of his life.
▶彼は**命の危険を冒して**その赤ちゃんを救った。

✓ **at the risk of *one's* life**
：命の危険を冒して

604 He walked in the direction of the woods.
▶彼は**森の方向に**歩いていった。

✓ **in the direction of the woods**　：森の方向に

605 If it were not for the change of seasons, how monotonous our life would be!
▶**もし季節の移り変わりがなければ**，我々の生活はさぞかし単調なものになるだろう！

✓ **if it were not for the change of seasons**
：もし季節の移り変わりがなければ

☐ **if it were not for *one's* idleness**
：もし怠け癖がなければ

606 You had better thank her in person.
▶**自分で**彼女にお礼を言った方がよい。

607 The question is whether she is suitable for the position.
▶問題は彼女が**その地位に適している**かどうかだ。

✓ **be suitable for the position**
：地位に適している

☐ **be suitable for the weather**
：気候に適している

608 He is very rich, and what is more, he is very handsome.
▶彼はとてもお金持ちで，**さらに**とてもハンサムだ。

STAGE 13

□ 609
at the cost of

～を犠牲にして
＝[熟] at the expense[price/sacrifice] of （～を犠牲にして）
➡ cost に「損失・犠牲」の意味があることを知っていると意味を連想しやすい。

□ 610
give way

屈する，負ける
…→[熟] give up（～をあきらめる） ☞No.027
[熟] give in (to)（〔～に〕屈服する，降参する） ☞No.452

□ 611
be sorry for

～を気の毒に思う；～をすまなく思う
＝[熟] feel sorry for（～を気の毒に思う）
➡ 類義語 "feel pity for"「～を気の毒に思う」なども合わせて覚えておくとよい。

□ 612
describe *A* as *B*

***A* を *B* と呼ぶ［言う］**
＝[熟] refer to *A* as *B*（*A* を *B* と呼ぶ）
➡ *B* には名詞や形容詞が入るのが普通。この表現を進行形にすることはできない。

□ 613
but for

～がなければ
＝[前] without（～がなければ）
➡ 仮定法で用いる。

□ 614
at (the) most

せいぜい，多くても
＝[熟] not more than（せいぜい）
⇔[熟] at (the) least（少なくとも） ☞No.036
➡ "at most" ⇔ "not more than" の言い換えは頻出。

□ 615
by accident

偶然に
＝[副] accidentally（偶然に）
[熟] by chance（偶然に） ☞No.379
⇔[熟] on purpose（わざと） ☞No.407
…→[熟] happen to *do*（偶然～する） ☞No.121

□ 616
interfere with

～の邪魔をする，～に干渉する
＝[動] disturb（の邪魔をする）
[熟] interfere in（～に干渉する）
[動] interrupt（の邪魔をする）
➡ interfere が後にとるのは with と in, interrupt は with のみで in はとらないので注意。

609 He wanted to succeed even at the cost of his health.
▶彼は**健康を犠牲にして**でも成功したかった。

✔ at the cost of *one's* **health**
：健康を犠牲にして

610 Don't give way to temptation.
▶**誘惑に負ける**な。

✔ give way **to temptation**
：誘惑に負ける

611 I'm sorry for the young lady.
▶私はその若い**女性を気の毒に思う**。

✔ be sorry for **the lady**
：女性を気の毒に思う

612 She described him as a great statesman.
▶彼女は彼**を偉大な政治家だと言った**。

✔ describe *A* as **a great statesman**
：*A* を偉大な政治家だと言う

613 But for love and care, no pet can survive.
▶**愛**と思いやり**がなければ**ペットは生きられない。

✔ but for **love**
：愛がなければ

614 She is at most 25 years old.
▶彼女は**せいぜい** 25 歳だ。

615 I spotted her by accident.
▶私は**偶然**彼女**を見つけた**。

☐ **spot** *A* by accident
：*A* を偶然見つける

☐ **meet** *A* by accident
：*A* に偶然会う

616 Don't interfere with me.
▶私**の邪魔をし**ないで。

STAGE 13

617
on the contrary

それとは反対に，それどころか
…→[熟] to the contrary（それとは反対に〔の〕）
■▶ contrary は，相手の意見に対して反対（逆）だというニュアンスがある。

618
pass away

亡くなる
■▶ die の婉曲表現。

619
be known for

～で知られている，～で有名だ
＝[熟] be famous for（～で有名だ）
■▶ for の後には主語に対応する代名詞の所有格が入るが，省略されることが多い。

620
What is the matter with ～?

～はどうしたのですか？
＝[文] What's wrong with ～？
（～はどうかしましたか？）
■▶ "What's the matter with you?" は「どうかしましたか？」という慣用表現。

621
keep *one's* promise

約束を守る
＝[熟] keep *one's* word（約束を守る）
[熟] be true to *one's* word（約束を守る）
⇔[熟] break *one's* promise（約束を破る）
■▶「約束を継続する」と直訳しても意味が推測できる。

622
hang on

しがみつく，続行する；～にかかっている
…→[熟] cling to（～にしがみつく）
[熟] hold on to（～にしがみつく）☞No.459
■▶ "hang on", "hold on" には「電話を切らずにつないでおく」という意味もある。

623
under *one's* nose

～の目の前で
＝[熟] in *one's* face（～の面前で）
■▶ 距離的な近さを主に表す。

617 "Have you finished?" "On the contrary, I haven't begun yet."

▶「もう終わったか？」「**それどころか**，まだ始めてもいないよ。」

618 He passed away peacefully.

▶彼は**安らかに亡くなった**。

✔ pass away **peacefully**
：安らかに亡くなる

619 People in that country are known for being polite to others. ▶その国の人々は，他人に対して**礼儀正しいことで知られている**。

✔ be known for **being polite**
：礼儀正しいことで知られている

620 What is the matter with your washing machine?

▶君の洗濯機**がどうしたのですか？**

621 Bill has never kept his promise.

▶ビルは**約束を守った**ためしがない。

622 Hang on till I get to you.

▶私が行くまで**続けていてください**。

623 She made the interview under journalists' nose.

▶彼女は**記者たちの目の前で**会見をした。

✔ under **journalists'** nose
：記者たちの目の前で

□ 624
anything but

決して〜でない
＝副 never（決して〜でない）
熟 by no means（決して〜ない）☞No.335
➡ ここでの but は except と似たような意味を持つ。

□ 625
at (the) worst

最悪でも，せいぜい
…→熟 at (the) best（せいぜい）
➡ "at the worst" の「最悪でも」に対して，"at the best" は「良くても」のニュアンスで「せいぜい」という意味を持つ。《米》では the を省略するのが普通。

□ 626
hit on

（考えなど）をふと思いつく
＝熟 strike on（〜を思いつく）
熟 hit upon（〜をふと思いつく）
➡「出くわす」の意味も持つ。どちらの意味も，人や考えに「ぶつかる」様子から推測する。

□ 627
by all means

〈承認の返事〉どうぞ，もちろんです
＝副 sure（もちろん）　熟 of course（もちろん）
副 absolutely（もちろん）
➡ "Here you go.", "No problem." も同じ意味で用いられる。

□ 628
mistake *A* for *B*

A を *B* と間違える
＝熟 take *A* for *B*（*A* を *B* だと思う）
➡ 間違える人・物が先で，間違えたものは後にくる。語順を間違えないように注意。

□ 629
wear out

〜をすり減らす；〜を疲れ果てさせる
➡ "I'm worn out." で「私は疲れ切っている」。

□ 630
be late for

〜に遅れる
…→熟 be delayed（〔電車などが〕遅延する）
➡ 飛行機・電車などに乗り遅れた時は miss を用いる。

□ 631
in no time

あっという間に；すぐに
＝熟 before long（まもなく）☞No.220
熟 right away（ただちに）☞No.514
副 immediately（すぐに）
➡ "in no time at all" としてもよい。

624 Ours is anything but a good teacher.

▶私たちの先生は**決していい教師ではない**。

✔ anything but a good teacher
：決していい教師ではない

625 At worst our lives will be safe.

▶**最悪でも**，我々の命は助かるだろう。

626 A housewife hit on a new way to iron a shirt.

▶ある主婦がシャツにアイロンをかける**新しい方法を思いついた**。

✔ hit on a new way
：新しい方法を思いつく

627 "May I borrow you pen? " "By all means!"

▶「ペンを借りてもよいですか？」「**どうぞ！**」

628 She must have mistaken the sugar for salt.

▶彼女は**砂糖を塩と間違えた**に違いない。

✔ mistake sugar for salt
：砂糖を塩と間違える

629 We wore out the dictionaries.

▶我々は**その辞書をすり減るまで使った**。

✔ wear out the dictionaries
：辞書をすり減るまで使う

630 I was late for school today.

▶私は今日**学校に遅れた**。

✔ be late for school
：学校に遅れる

631 She'll be back in no time.

▶彼女は**すぐに**戻ります。

□ 632 **be out of danger**	**危険を脱している** …→㊇ safe from（～の危険（恐れ）のない） ➡ danger の外側と考えればわかりやすい。
□ 633 **be bound to *do***	**きっと～する** ➡ 話し手の推論を表す。「～する義務がある」という意味も持つ。
□ 634 **of interest**	**興味のある；重要な** ➡ "of ＋抽象名詞" ＝形容詞。
□ 635 **in short**	**要するに** ＝㊇ in brief（要するに） ㊇ in a word（一言で言えば） ➡ 前言を簡潔に言い直したり，結論を述べる際に使う。通例，文頭または文中。
□ 636 **give ~ a ride**	**～を車に乗せてやる** ＝㊇ give ～ a lift（《英》～に乗せる） ➡ "give a call" と同じく，この give に意味はほとんどない。実質的な意味は ride, lift, call のような後に続く名詞である。
□ 637 **not so much *A* as *B***	***A*** **というよりむしろ** ***B*** ＝㊇ rather *B* than *A*（*A* よりもむしろ *B*） ➡ "rather *B* than *A* (*B* rather than *A*)" と書き換え可。"not so much *A* as *B*" とは，*A* と *B* の順番が逆なので注意。
□ 638 **in accordance with**	**～に従って** …→㊇ according to（～に従って；～によれば） ☞No.012 ➡ accordance には「〔法律や慣習などとの〕一致」という意味が含まれている。

632 You are out of danger there.

▶あなたはそこで**危険を脱している**。

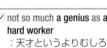

633 She is bound to notice my mistake.

▶彼女は**きっと**私の**ミスに気づきます**。

✔ be bound to notice a mistake
：きっとミスに気づく

634 That matter is of great interest to me.

▶私はそのことに**大変興味がある**。

✔ of great interest
：大変興味がある［重要な］

635 In short, our project ended in failure.

▶**要するに**，我々の計画は失敗に終わったのである。

636 You can give me a ride, can't you?

▶私**を車に乗せて**もらえますね？

637 He is not so much a genius as a hard worker.

▶彼は**天才というよりむしろ努力家**だ。

✔ not so much a genius as a hard worker
：天才というよりむしろ努力家

☐ not so much a novelist as a poet
：小説家というよりむしろ詩人

638 I will do it in accordance with your instructions.

▶私はあなたの**指示に従って**それをします。

✔ in accordance with the instructions
：指示に従って

STAGE 13

TO BE CONTINUED [5/7] ➡

□ 639 **at any rate**	とにかく ＝副 anyway（とにかく） ➡ "at least" の類義語として「少なくとも」という意味もある。
□ 640 **run into**	～にぶつかる；～に出くわす ＝熟 come across（～に出会う）☞No.227 熟 run across（～に偶然出会う） 動 encounter（に遭遇する）
□ 641 **replace *A* with *B***	*A* を *B* と取り替える ＝熟 change *A* for *B*（*A* を *B* と交換する）☞No.491 ➡ change と replace それぞれに対応する前置詞を混同しないよう注意。
□ 642 **take *one's* time**	ゆっくりやる，ぐずぐずする ＝熟 be slow in *doing*（～するのが遅い） ➡ at, about, over, "to *do*", "in *doing*" を続けることができる。動名詞が続く場合は in を省略することがある。
□ 643 **give ~ a call**	～に電話をかける ＝熟 give ～ a ring（～に電話する） 熟 call up（～に電話する）☞No.275 ➡ 進行形は不可。
□ 644 **to say nothing of**	～は言うまでもなく ＝熟 not to mention（～は言うまでもなく）
□ 645 **put ~ into practice**	～を実行する ＝熟 carry ～ into action（～を実行する） 動 practice（を実践する） ➡ put「物や人などを～の状態にする」から「実行の状態にする」という意味をなす。
□ 646 **concentrate *A* on *B***	*A* を *B* に集中させる …›熟 concentrate on（～に集中する；～に専念する） 熟 focus on *A*（*A* に〈注意など〉を集中させる） ➡ 意識を物の一点に集中させているイメージを浮かべるとわかりやすい。

639 I may fail, but at any rate I'll try.

▶失敗するかもしれないが，とにかくやってみよう。

640 I walked without looking ahead, and ran into a wall.

▶前を見ずに歩いていたら壁にぶつかった。

✔ **run into a wall**
：壁にぶつかる

641 He replaced three of the seats with extra fuel tanks.

▶彼は**座席の３つ分を予備の燃料タンクと取り替えた。**

✔ replace **three of the seats** with **extra fuel tanks**
：座席の３つ分を予備の燃料タンクと取り替える

642 I'm in no hurry, so just take your time.

▶私は急いでいませんから，どうぞ**ゆっくりやってください。**

643 He gave his friend a call at once.

▶彼はすぐに**友人に電話をかけた。**

✔ give **a friend** a call
：友人に電話をかける

644 He speaks French, to say nothing of English.

▶彼はフランス語を話す。**英語は言うまでもない。**

✔ to say nothing of **English**
：英語は言うまでもなく

645 Your ideas are hard to put into practice.

▶君の**考えは実行するのが難しい。**

✔ **hard to** put into practice
：実行するのが難しい

✔ put **the idea** into practice
：考えを実行する

646 Concentrate your attention on what you are saying!

▶自分の**言っていることに意識を集中させなさい！**

✔ concentrate **attention** on **what *one* is saying**
：言っていることに意識を集中させる

STAGE 13

□ 647 **think of *A* as *B***	***A* を *B* とみなす** ＝㊗ regard *A* as *B*（*A* を *B* とみなす）☞No.178 ㊗ look on *A* as *B*（*A* を *B* とみなす）☞No.434 ➡ *B* には，名詞だけでなく形容詞や分詞も置くことができる。
□ 648 **if any**	**たとえあっても；もしあれば** …→㊗ seldom if ever （めったに～しない） ➡ "if there is any ～" の省略形。
□ 649 **hold up**	**～を遅らせる；～に強盗に入る** ➡「（理論などが）有効だ」という意味もある。
□ 650 **in fashion**	**流行して** ⇔㊗ out of fashion（流行おくれで） ➡「流行」の意味で用いる fashion には，「服装」という意味はないので注意。正しくは，「服装の流行」という意味である。

647 I think of him as my brother.

▶私は**彼を兄だと思っている。**

✔ think of **him** as **my brother**
：彼を兄だとみなす

648 There is very little wine in the bottle, if any.

▶**たとえ**ビンの中にワインがあった**としても**，ごくわずかだ。

649 His departure was held up by bad weather.

▶彼の出発は**悪天候のために遅れた。**

✔ **be** held up **by bad weather**
：悪天候のために遅れる

650 Long skirts are in fashion again.

▶ロングスカートがまた**流行して**いる。

☐ 651
be faced with

〜に直面している
＝熟 be confronted with（〜に直面する）
…▸熟 in the face of（〜に直面して）

☐ 652
in relation to

〜について，〜に関連して
＝熟 related to（〜に関連して）
…▸熟 in comparison with（〜と比べて）☞No.658
▶ in の代わりに with を使うこともある。

☐ 653
in *one's* presence

〜の目の前で
＝熟 in the presence of（〜のいる前で）
▶「〔人の〕存在の中で」という直訳から意味を推測することができる。

☐ 654
take advantage of

〜を利用する；〜につけこむ
…▸熟 make use of（〈物〉を利用する）☞No.141
▶「利用する，つけこむ」→「〔人の申し出・好意に〕甘える」の意味にもなるため，プラスとマイナス両方の意味にとることが可能。

☐ 655
in the long run

長い目で見れば，結局は
＝副 eventually（結局）
熟 in the end（結局）☞No.082
▶ ここでの run は「事の成り行き，形勢」を示す。

☐ 656
out of control

手に負えない
＝熟 beyond control（不可抗力の）
…▸熟 become[get] out of hand（収拾がつかなくなる）

☐ 657
put ~ in order

〜を整頓する
＝熟 set 〜 in order（〜を整頓する）
…▸熟 clean up（〜を片付ける）
熟 clear up（〜を片付ける）
▶ "in order"「順番に」と put「置く」からなる。

☐ 658
in comparison with

〜と比べて
＝熟 in comparison to（〜と比べると）
熟 (as) compared with（〜と比較して，〜に［と］比べれば）☞No.120
▶ comparison は，動 compare「を比べる」の名詞形。

651 He is faced with a difficult problem.
▶彼は**難問に直面している**。

✔ **be faced with** a difficult problem
：難問に直面している

652 We discussed our responsibility in relation to education.
▶私たちは**教育に関連する責任**について話し合った。

✔ responsibility **in relation to** education
：教育に関連する責任

653 I fell down in their presence.
▶私は彼ら**の目の前で**転んだ。

654 You should take advantage of this opportunity. It would be foolish not to.
▶あなたはこの**機会を利用する**べきだ。利用しないとしたら馬鹿げたことだろう。

✔ **take advantage of** an opportunity
：機会を利用する

655 This will be cheaper in the long run.
▶**長い目で見れば**，こっちの方が安上がりだ。

656 Things got out of control.
▶事態は**手に負えなく**なった。

657 He put his affairs in order before leaving.
▶彼は出発の前に**身辺の整理をした**。

✔ **put** *one's* affairs **in order**
：身辺を整理する

658 In comparison with Mt. Everest, Mt. Fuji is not so high.
▶**エベレスト山と比べて**，富士山はそれほど高くない。

✔ **in comparison with** Mt. Everest
：エベレスト山と比べて

☐ 659
make fun of

～をからかう
＝動 tease（〔を〕からかう）
熟 joke on（～をからかう）
…›熟 for fun（面白半分に）
➡ 前置詞は of である。“laugh at”「～をあざ笑う」と混同しないように注意。

☐ 660
one *A*, the other *B*

1つは *A* で，もう1つは *B*
➡ 対象が2つの時に用いる。3つ以上の時は the other を another もしくは others に変える。

☐ 661
make a living

生計を立てる
➡ living は live の派生語。「生きること」→「生きるために必要なもの」→「生計」に派生した。

☐ 662
as of

～現在で；～以降
➡ 主に《米》。《英》では “as from”「～以降」。

☐ 663
It follows that

当然～ということになる
…›熟 It is natural that（当然～だ）
熟 as follows（次のとおりで）
➡ 否定文は，“It doesn't follow that ～ ”「必ずしも～ということではない」という部分否定になる。

☐ 664
be independent of

～から独立している
⇔熟 be dependent on（～に頼っている）☞No.430
➡ “become[grow / get] independent of” で「～から独立する」という意味になる。

☐ 665
the more 〈比較級〉 ~，the more 〈比較級〉 …

～すればするほどますます…
…›熟 all the ＋比較級（それだけますます～）
➡ 〈比較級〉のところに形容詞や副詞がくる場合は，“the more” と形容詞や副詞を離すことはできない。また，主節を後に置くことが多いが，どちらに置いてもかまわない。

659 The writer is making fun of the child.
▶筆者は**その子供をからかっている**。

☑ make fun of **the child**
：子供をからかう

660 I have two sisters; one lives in Chiba, the other in Urawa.
▶私には姉が2人おり，**1人は千葉に，もう1人は浦和に住んでいる。**

☑ one **lives in Chiba**, the other **in Urawa**
：1人は千葉に，もう1人は浦和に住んでいる

661 They found it difficult to make a living.
▶彼らは**生計を立てる**のが難しいことを知った。

662 As of April 1, the company has $25 million in debt. ▶**4月1日時点で**その会社には2500万ドルの借金がある。

☑ as of **April 1**
：4月1日時点で
☐ as of **(right) now**　：今現在

663 It follows that he is not the murderer.
▶**当然**，彼は殺人犯ではない**ということになる。**

664 Richard is economically independent of his parents.
▶リチャードは**自分の親から**経済的に**独立している。**

☑ be independent of *one's* parents
：親から独立している

665 The more you have, the more you want.
▶**手に入れれば入れるほどますます**欲しくなる。

☑ the more **you have**, the more ...
：手に入れれば入れるほどますます…

□ 666
something of a
ちょっとした～
=熟 somewhat of a（ちょっとした～）
▶ 通常は肯定文で用いる。否定文・疑問文の時は "much of a" を用いる。

□ 667
speak ill of
～を悪く言う
=熟 speak badly[evil] of（～の悪口を言う）
⇔熟 speak well of（～を良く言う）
▶ まれに "ill speak of", "well speak of" のように語順を逆にすることがある。

□ 668
be in love with
～に恋している
…▶熟 fall in love with（～に恋をする）
▶ 人同士だけではなく人から物の場合にも使うことができる。

□ 669
have ~ on *one's* mind
～が気にかかっている
=熟 worry about（～のことでくよくよ悩む）
▶ "have ～ on mind" という使い方はしない。

□ 670
get over
～を克服する，～を乗り越える
=動 overcome（を克服する）
…▶熟 get through（～をやり遂げる）☞No.456
▶ 否定文では「〔ショックなどから〕立ち直る（ことができない）」の意味になる。

□ 671
It is no wonder (that)
～なのは当然だ
=熟 No wonder（～は不思議ではない）
熟 It is natural that（～なのは当然だ）
▶ "It is natural that ～." よりも口語的。"No wonder" を用いる時は that を省略する。

□ 672
be superior to
～より優れている
=熟 get the better of（～より優れる）
⇔熟 be inferior to（～より劣っている）
▶ to を than としないように注意が必要。superior と inferior はセットで覚えた方がよい。

666 It is said that he is something of a stamp collector.
▶彼は**ちょっとした切手収集家**だそうだ。

✔ something of a **stamp collector**
：ちょっとした切手収集家

667 You should not speak ill of others.
▶あなたは**他人を悪く言う**べきではない。

✔ speak ill of **others**
：他人を悪く言う

668 Ed was in love with Angela.
▶エドは**アンジェラに恋していた**。

✔ be in love with **Angela**
：アンジェラに恋している

669 What did the old man have on his mind then?
▶あの時，老人は何**が気にかかって**いたのですか？

670 I expect him to get over the shock of his failure.
▶彼には，失敗の**ショックに打ち勝って**もらいたい。

✔ get over **the shock**
：ショックに打ち勝つ

671 It's no wonder he refused the proposal.
▶彼がその申し出を断った**のは当然だ**。

672 This product is superior to that one.
▶この製品は**あれよりも優れている**。

✔ be superior to **that one**
：あれよりも優れている

□ 673
be peculiar to

~に特有である
＝熟 be characteristic of（~の特徴を示す）
➡ 個人の性格に対して言う時は，「あの人らしい行動」というようなニュアンスで用いられる。

□ 674
at the mercy of

~のなすがままに
➡ mercy は「慈悲・情け」という意味である。

□ 675
of importance

重要な
➡ "of ＋抽象名詞" ＝形容詞。important よりも堅い語となっている。

□ 676
discourage *A* from *doing*

A に~するのを思いとどまらせる
…▸熟 persuade *A* not to *do*（*A* に~説得してするのを思いとどまらせる）
熟 talk *A* out of *doing*（*A* に~しないように説得する）
➡ "discourage *A doing*" や "discourage *A* to *do*" は不可。

□ 677
in respect of

~に関しては，~の点では
＝熟 as to（~に関して）☞No.299
熟 with respect to（~に関して）
➡「の支払いとして」という意味もあるが，こちらの用法はまれである。

□ 678
have a talk

おしゃべりをする，話をする
＝熟 have a chat（おしゃべりする）
…▸熟 talk with（~と話す；~と相談する）
熟 have words with（~と口論する）
➡ talk, chat は共に動詞としても「話す」という意味があり，動詞として単体でも使える。

□ 679
make *oneself* heard

自分の声が聞こえるようにする
…▸熟 make *oneself* understood（話が通じる）
☞No.484
➡ "make ＋*A* ＋原形"「*A* に~させる」といった使役動詞の場合と異なり，"make ＋*A* ＋過去分詞" という形を用いていることに注意。この用法は，主に "make *oneself* heard"「声が通る」と "make *oneself* understood"「話が通じる」である。

673 Such a custom is not peculiar to the British.
▶そのような習慣は**イギリス人に特有で**はない。

✔ **be peculiar to the British**
：イギリス人に特有である

674 He was at the mercy of his parents.
▶彼は**両親のなすがままで**あった。

✔ **at the mercy of *one's* parents**
：両親のなすがままに

675 Speech is of major importance as a means of communication. ▶スピーチは**コミュニケーションの手段として**大変**重要で**ある。

✔ **of importance as a means of communication**
：コミュニケーションの手段として重要な

676 The news discouraged me from going to that country.
▶そのニュースを聞いて，僕**はその国に行くのを思いとどまった。**

✔ **discourage *A* from going to that country**
：*A* にその国へ行くのを思いとどまらせる

677 I have no objection in respect of what you say.
▶**あなたの言っていることに関して**，異論はありません。

✔ **in respect of what you say**
：あなたの言っていることに関して

678 I had a talk with my father yesterday.
▶私は昨日**父と話をした。**

✔ **have a talk with *one's* father** ：父と話をする

679 The room was so noisy that I could not make myself heard.
▶その部屋は大変騒がしかったので，**私の声は通ら**なかった。

□ 680
ahead of time

前もって，予定より早く
＝[熟] in advance（前もって）☞No.502
[副] beforehand（前もって）
▶ time「時間，決められた時間」の ahead「前方に，前に」から，「時間の前に」という意味になる。

□ 681
rob *A* of *B*

A〈人〉から *B* を奪う
▶ *A* に人や場所はとれるが，物を目的語にすることはできない。

□ 682
have *one's* way

思い通りに振る舞う
＝[熟] get *one's* way（思い通りにする）
[熟] do as *one* likes（好きなようにする）
▶ way「意思」から，「意思を持っている」→「思い通りに振る舞う」。

□ 683
hang up

電話を切る
…→[熟] hold the phone[line]（電話を切らずに待つ）
▶ 昔の電話が壁掛け式だったことから hang を使うようになった。

□ 684
give off

～を放出する，～を発する
＝[動] emit（を発する）　[動] discharge（を放出する）
[熟] give out（～を配る）

□ 685
All *one* has to do is (to *do*)

～しさえすればよい
＝[熟] have only to *do*（～しさえすればいい）
[熟] only have to *do*（～しさえすればいい）
▶ 直訳「しなくてはならないことの全ては～」→「～さえすればよい」と意訳される。

□ 686
stand for

～を表す；～を支持する
＝[動] represent（を表す）
[熟] stand up for（～を擁護する）
▶ 受身・進行形にしない。

□ 687
do the sights of

～を見物する
＝[熟] see the sights of（～を観光する）
[動] visit（を訪れる）
▶「見物・観光」という意味の sightseeing も合わせて覚えておく。

680 You had better make an appointment ahead of time.
▶前もって約束をしておいた方がよい。

✔ make an appointment ahead of time
：前もって約束する

681 He robbed the man of his watch.
▶彼はその男から腕時計を奪った。

✔ rob the man of his watch
：男から腕時計を奪う

682 Fred always has his way.
▶フレッドはいつも自分の思い通りに振る舞う。

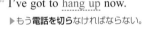

683 I've got to hang up now.
▶もう電話を切らなければならない。

684 The garbage gave off a strong odor.
▶ごみは強烈な臭いを放っていた。

✔ give off an odor[a smell]
：臭い［匂い］を発する
☐ give off smoke：煙を出す

685 All you have to do is to go to school every day.
▶君は毎日学校に行きさえすればよい。

✔ all *one* has to do is to go to school
：学校に行きさえすればよい

686 U.K. stands for "United Kingdom".
▶U.K. は "United Kingdom" を表している。

☐ stand for women's rights
：女性の権利を支持する

687 We are going to do the sights of London tomorrow.
▶私たちは明日ロンドンを見物する予定です。

✔ do the sights of London
：ロンドンを見物する

☐ 688
all at once
一斉に；突然に
＝㊞ at once（同時に）☞No.095
㊞ all of a sudden（突然に）☞No.395

☐ 689
amount to
～に達する
＝㊞ add up to（合計して～になる）
…→㊞ in amount（合計で）

☐ 690
attend to
～の世話をする；～に注意を払う
＝㊞ take care of（～の世話をする）☞No.031
㊞ pay attention to（～に注意する）☞No.276

☐ 691
for want of
～の不足のために
＝㊞ for lack of（～がないために）☞No.741
▶ ㊔ want は「欠乏・不足」という意味を持っているということを知っておくと意味を類推しやすい。

☐ 692
take a rest
休憩する
＝㊞ have a rest（休憩する）
…→㊞ have[take] a break（〔短い〕休憩をする）
▶ 動詞の rest にも「休憩する」という意味がある。

☐ 693
consent to
～に同意する
＝㊞ assent to（～に同意する）
㊞ give consent to（～に同意する）
▶「〔よく考えて〕同意する」という意味。

☐ 694
account for
～を説明する；～の原因となる
▶ "There is no accounting for tastes."「たで食う虫も好き好き」という慣用表現があるので一緒に覚えておくとよい。

☐ 695
know better than to *do*
～しないだけの分別を持つ
▶ 文脈上明らかな場合には "than to *do*" が省略される。

☐ 696
be content with
～に満足している
＝㊞ be contented with（～に満足している）
㊞ be satisfied with（～に満足している）☞No.247
▶ "be content to *do*"「喜んで～する」と混同しないように注意。

688 The leaves fell from the tree all at once.
▶葉が**一斉に**木から落ちた。

□ **happen** all at once
：一斉［同時］に起こる

689 The company's annual income amounts to 2 million dollars.
▶その企業の年間収入は**200万ドルに達する**。

✔ amount to **2 million dollars**
：200万ドルに達する

690 Each nurse attends to 3 patients.
▶各看護師は3人の**患者の手当てをする**。

✔ attend to **a patient**
：患者の手当てをする

691 We couldn't see the castle for want of time. ▶我々は**時間不足のために**，その城を見物することができなかった。

✔ for want of **time**
：時間不足のために

692 Take a rest when you feel tired.
▶疲れを感じた時は**休憩してください**。

693 Your parents will never consent to your trip abroad.
▶君の両親は君の**海外旅行に**は絶対に**同意し**ないだろう。

✔ consent to **a trip abroad**
：海外旅行に同意する

694 How do you account for that?
▶君はそれ**を**どう**説明し**ますか？

695 I know better than to leave the matter to him.
▶その問題を彼に**任せないだけの分別を**私は**持っている**。

□ know better than to **make a noise**
：騒いではいけないことくらいわかる

696 Are you content with your present salary?
▶**今の給料に満足してい**ますか？

✔ be content with *one's* **present salary**
：今の給料に満足している

□ 697 **leave school**	**卒業する，退学する** ■▶普通は “graduate from” を用いるが，《英》では，大学以外の卒業式には “leave school” を用いる。また退学の場合にも “leave school” を用いる。
□ 698 **remember *doing***	**～したのを覚えている** …▶㊋ remember to *do*（忘れずに～する） ■▶不定詞の場合は，まだしていない未来のことを，動名詞の場合は，済んだ過去のことを表している。
□ 699 **be accompanied by**	**～に付き添われる** ＝㊋ be escorted by（～に付き添われる） ■▶「付き添う」という訳から前置詞に with を使いがちだが，誤用なので注意。
□ 700 **be free to *do***	**自由に～できる** …▶㊋ help *oneself* to（～を自由に取って食べる） ㊋ feel free to *do*（自由に～する） ■▶自由に発言･行動する場合に使う。“feel free to *do*” では「自由に～する，気軽に～する」という意味になる。

697 I'm leaving school this March.

▶私はこの3月に**卒業する**。

698 Do you remember seeing her at the conference?

▶会議で彼女**に会ったのを覚えてい**ますか？

✔ **remember seeing** *A*
：*A* に会ったのを覚えている

699 Young children should be accompanied by their parents.

▶小さい子供は**両親に付き添われる**べきだ。

✔ **be accompanied by** *one's* **parents**
：両親に付き添われる

700 He is free to spend his money.

▶彼は**自由に**自分の**お金を使うことができる**。

✔ **be free to spend money**
：自由にお金を使うことができる

☐ 701
be equal to

～に等しい
＝熟 be equivalent to（～に等しい）

☐ 702
drop in on

～〈人の所〉に立ち寄る
…→熟 drop in at（〈場所〉に立ち寄る）
熟 drop into（〈場所〉に立ち寄る）
▶ "drop in" や "drop by" で「ひょいと立ち寄る」を意味する。その後の前置詞が on の場合には人を，at の場合には場所を示す。

☐ 703
learn ~ by heart

～を暗記する
…→熟 learn ～ by rote（～を丸暗記する）
▶ heart「本質」から，「〔理解して〕記憶する」という意味になる。"know ～ by heart" は「〔理解して〕知っている」を意味する。

☐ 704
judging from

～から判断すれば
▶ "judge from" で「～から判断する」の意味。judging の代わりに to judge も可。

☐ 705
catch sight of

～を見つける
⇔熟 lose sight of（～を見失う）☞No.461

☐ 706
take ~ into consideration

～を考慮に入れる
…→熟 in consideration of（～を考慮して）
▶ consideration は「考慮すべきこと」などを意味する。"take ～ into consideration" = "take into consideration ～" も可。

☐ 707
count on[upon]

～を頼りにする
＝熟 depend on（～に頼る）☞No.039
熟 rely on[upon]（～に頼る）☞No.277

☐ 708
tear down

（建物など）を取り壊す
＝熟 pull down（～を破壊する）
▶ tear「引き裂く」から，"tear down" は「建物を取り壊す」「機械を分解する」という意味になる。

701 Zero degrees Celsius is equal to 32 degrees Fahrenheit.
▶摂氏０度は華氏32度に等しい。

□ **Twice 3** is equal to **6.**
：3の2倍は6。

---

702 Drop in on us if it's convenient for you.
▶もし都合が良ければ，**うちに立ち寄って**ください。

✔ drop in on **us**
：うちに立ち寄る

---

703 She learned the poem by heart.
▶彼女は**その詩を暗記した。**

✔ learn **the poem** by heart
：詩を暗記する

---

704 Judging from the look of the sky, it will clear up soon.
▶**空模様から判断すれば**，もうじき晴れるだろう。

✔ judging from **the look of the sky**
：空模様から判断すれば

□ judging from **what you say**
：あなたの言うことから判断すると

---

705 The police caught sight of a runaway criminal.
▶警察は逃走した**犯人を見つけた。**

✔ catch sight of **a criminal**
：犯人を見つける

---

706 I took all things into consideration.
▶私は**あらゆることを考慮に入れた。**

✔ take **all things** into consideration
：あらゆることを考慮に入れる

---

707 In bad times you can count on your friends.
▶つらい時に**友人は頼り**になる。

✔ count on *one's* **friend**
：友人を頼る

---

708 The old house was torn down at last.
▶**その古い家は**とうとう**取り壊された。**

✔ **the old house is** torn down
：古い家が取り壊される

☐ 709
from time to time

時々
＝副 sometimes（時々） 副 occasionally（時折）
熟 at times（時々）☞No.321

☐ 710
be opposed to

〜に反対している
＝熟 be against（〜に反対だ）
➡ 他動詞の oppose「〜に反対する」が受け身の形になったもの。

☐ 711
be through with

〜を終えている
＝熟 be finished with（〜を終えている）
熟 be done with（〜を全て片付ける）

☐ 712
on occasion(s)

時折
＝副 sometimes（時々） 副 occasionally（時々）
熟 now and then（時折）☞No.418

☐ 713
without fail

必ず
＝副 surely（確かに）
➡ 直訳「失敗することなく」→「必ず」。"Be sure to *do*", "Don't fail [forget] to *do*" で「必ず〜しなさい(せよ)」の意味。

☐ 714
approve of

〜に賛成する
⇔熟 disapprove of（〜に反対する）
➡「〜を良く思う」という意味を持つ。

☐ 715
excuse *A* for *B*

A〈人〉の *B* を許す
＝熟 forgive *A* for *B*（*B* に関して *A* を許す）
…›熟 allow 〜 to *do*（〜が…するのを許可する）
➡ *B* について *A*〈人〉を許すの意味。*B* には *doing* も可。"excuse *A* for *doing*" と "excuse *A*'s *doing*" は同義。

☐ 716
weather permitting

天候が良ければ [許せば]
…›熟 if time permits（時間があれば）
➡ permit には「可能にする (=allow)」の意味がある。

709 In spring, strong wind blows from time to time.

▶春は**時々**強風が吹く。

710 They have been opposed to racial discrimination.

▶彼らは**人種差別に反対して**きた。

✔ be opposed to **racial discrimination**
：人種差別に反対している

711 When will you be through with your homework?

▶**宿題は**いつ**終わらせる**のですか？

✔ be through with **homework**
：宿題を終えている

712 The volcano erupts on occasion.

▶その火山は**時折**噴火する。

713 I expect all of you to be back here without fail.

▶君たち全員が**必ず**ここに戻ってくるように。

714 My mother finally approved of my marriage.

▶母はついに私の**結婚に賛成した**。

✔ approve of *one's* **marriage**
：～の結婚に賛成する

715 Please excuse me for being late.

▶**遅れてしまったことを許して**ください。

✔ excuse *A* for **being late**
：*A* が遅れてしまったことを許す

716 Weather permitting, we will go for a drive tomorrow.

▶**天候が許せば**，私たちは明日ドライブに行きます。

□ 717
find fault with

～のあら探しをする
＝動 criticize（を批判する）
熟 pick holes in（～のあら探しをする）
▶ fault「欠点」の意味から，人や物事に対して，口に出して非難する場合にこの表現を用いる。この意味で使う場合 fault は単数形で用いる。

□ 718
be compelled to *do*

やむなく～する
＝熟 be forced to *do*（～せざるを得ない）☞No.373
▶ "compel *A* to *do*"「*A* に無理やり～させる」の受動態。force の方が一般的な語で，より強制力が強い。

□ 719
never ~ without *doing*

～すると必ず…する
▶ 直訳「…しないで～することはない」→「～すると必ず…する」。

□ 720
for the sake of

〈利益〉**～のために**
＝熟 for the good[benefit] of（～のために）
…▶熟 for goodness sake（お願いだから）
▶ sake は名詞として「目的」などの意味を持つが，単純に "for *A*" と表現するよりも意味が強くなる。"for *A*'s sake" も "for the sake of *A*" と同義。

□ 721
go so far as to *do*

～までもする，～しさえする
＝熟 go as far as to *do*（～までする）
▶ 直訳「～するほど遠くに行く」→「～しさえする」。"to *do*" の代わりに *doing* と置くことも可。

□ 722
no sooner *A* than *B*

A* するや否や *B*，*A* するとすぐに *B
▶ "no ＋比較級" で「劣らない」，直訳で「*A* と *B* で早さに差がない」→「*A* するや否や *B*」。また，"no sooner" を文頭に持ってきた倒置法が頻出（例："I had no sooner arrived" は "No sooner had I arrived"）。

□ 723
be lacking in

～が欠けている
＝熟 be short of（～が不足している）☞No.596
熟 be wanting in（～が不足している）
▶ 形 lacking「不足している」，「欠けている」を lacked としないように注意。形 wanting に関しても同様。

717 Stop finding fault with others.

▶**他人のあら探しをする**のはやめなさい。

☑ **find fault with others**
：他人のあら探しをする

☐ **find fault with friends**
：友達のあら探しをする

718 He was compelled to resign from his post.

▶彼は**やむなく**地位を**辞した**。

☑ **be compelled to resign**
：やむなく辞職する

719 In the city, we never walk a few steps without noticing advertising.

▶都会では，**2，3歩歩けば必ず広告が目に入る**。

☑ **never walk a few steps without noticing advertising**
：2，3 歩歩けば必ず広告が目に入る

720 He had to fly off the regular course for the sake of safety.

▶彼は**安全のために**通常のコースを避けて飛ばなければならなかった。

☑ **for the sake of safety**
：安全のために

721 I won't go so far as to say that she is a fool.

▶私は彼女が馬鹿だと**まで言う**つもりはない。

722 No sooner had I reached the station than it began to rain.

▶私が駅に着く**や否や**雨が降りだした。

723 His attitude is lacking in warmth.

▶彼の態度は**温かさに欠けている**。

☑ **be lacking in warmth**
：温かさに欠ける

724
put out

～を消す：～を出す
＝熟 turn off（～のスイッチを切る）
動 extinguish（を消す）

725
be indifferent to

～に無関心だ
＝熟 be uninterested in（～に無関心である）
熟 be unconcerned with（～に無関心である）
▶ in「～でない」＋different「特別」で「無関心」となる。類義語は，uninterested には in，unconcerned には with と前置詞がそれぞれ違うので注意。また "be different from"「～と異なる」とも前置詞が異なるので注意。

726
be on good terms with

～と仲の良い間柄だ
⇔熟 be on bad terms with（～と仲が悪い）
▶ term は「範囲を限る」（原義）→「条件のあり方を限る」→「間柄」の意味に派生した。この際，terms と複数形で用いられる。

727
be convinced of

～を確信している
＝熟 be certain of[about]（～を確信している）
▶「con（完全に）vince（征服する）」が「convince（を説得する）」の原義。convinced と受動態にして「～を納得させられる」→「～を確信している」。of の代わりに that 節も使える。

728
in spite of *oneself*

思わず
＝副 unconsciously（無意識に）
副 involuntarily（思わず）
▶ 直訳「自分自身に反して」→「思わず」。"in spite of" の代わりに despite が用いられることもある。くだけた表現においては in を省略できる。

729
deprive *A* of *B*

***A* から *B* を奪う**
＝熟 rob *A* of *B*（*A* から *B* を奪う）
*deprive よりくだけた言い方 ☞No.681
▶ deprive の語源は「de（完全に）prive（奪う）」。of は off と同じ語源で「離す」という意味を持つ。deprive が権力のような無形のものを奪われる時に使われるのに対して，rob は暴力や強盗によって財物を盗む時によく用いられる。

724 Put out the light before you go to bed.

▶就寝前に**ライトを消しなさい**。

✔ put out **the light**
：ライト［あかり］を消す

725 They were indifferent to butterflies.

▶彼らは**蝶に無関心だった**。

✔ be indifferent to **butterflies**
：蝶に無関心だ

726 They are on good terms with their neighbors.

▶彼らは**隣人と仲の良い間柄だ**。

✔ be on good terms with **neighbors**
：隣人と仲の良い間柄だ

727 I am convinced of his guilt.

▶私は彼の**有罪を確信している**。

✔ be convinced of **guilt**
：有罪を確信している

728 She went out of the room in spite of herself.

▶彼女は，**思わず**部屋を飛び出した。

729 He was deprived of his civil rights.

▶彼は**市民権を奪われた**。

✔ be deprived of **civil rights**
：市民権を奪われる

□ 730
result from
～の結果として生じる
…→熟 result in（～の結果になる）☞No.249
熟 arise from（～から生じる）

□ 731
run over
〈車などが〉～をひく；～を乗り越える
…→熟 hit（にぶつかる）
熟 get over（～を乗り越える）☞No.690
▶受動態で用いられることが多い。

□ 732
make for
～の方へ向かって行く；～に役立つ
＝熟 head for（～へ向かって進む）☞No.505
▶ make には動「〔～の方向へ〕伸びる，向かう」という意味があり，そこから派生した表現。

□ 733
in pursuit of
～を求めて，～を追って
▶名 pursuit「追求」から生まれた表現。目的となる対象は，抽象的なものでも具体的なものでも可。

□ 734
drive at
～を言おうとする，～を意図する
＝熟 intend to *do*（～するつもりだ）
熟 aim at（～を狙う）☞No.536
▶名 drive の意味から類推するとわかりやすい。

□ 735
between ourselves
ここだけの話だが
＝熟 between you and me（ここだけの話で）
副 confidentially（ここだけの話だが）
▶「私たち自身（ourselves）の間で（between）」→「内輪の話として」。文頭で用いられることが多い。

□ 736
correspond with
(人)と連絡を取り合う
…→熟 correspond to（～に対応する）
熟 *A* and *B* correspond（*A* と *B* が一致する）
▶動 correspond が目的語をとる時は必ず to か with が必要。

□ 737
part with
～を手放す
…→熟 give up（～をあきらめる，断念する）☞No.027
▶「所有しているものを人手に渡す，売り払う」という意味。part「分ける，わかれる」の意味から考えるとわかりやすい。

730 His illness resulted from his unhealthy diet.

▶彼の病気は不健康な**食生活の結果であった**。

✔ **result from *one's* diet**
：食生活の結果である

---

731 The kangaroo was run over by a motorcycle.

▶そのカンガルーはオートバイ**にひかれた**。

✔ **be run over by *A***
：*A*〈車など〉にひかれる

---

732 I saw him making for the church.

▶私は彼が**教会の方へ向かって行っている**のを見た。

✔ **make for the church**
：教会の方へ向かって行く

---

733 We came here in pursuit of work.

▶私たちは**職を求めて**ここへ来た。

✔ **in pursuit of work**
：職を求めて

---

734 What are you driving at?

▶何が**言いたい**のですか？

---

735 Between ourselves he is guilty.

▶**ここだけの話だが**，彼は有罪だ。

---

736 I have corresponded with her for a long time.

▶私は彼女**と**長い間**連絡を取り合っ**てきた。

☐ **correspond with *A* through email**
：*A* とＥメールでやりとりする

---

737 He wouldn't part with his car.

▶彼はどうしても**車を手放そ**うとしなかった。

✔ **part with the car**
：車を手放す

□ 738
prohibit *A* from *doing*

A が～するのを禁止する
＝㊐ forbid *A* from *doing*
(*A* に～することを禁じる)
➡ prohibit は受け身で用いることが多いが「～という団体が禁止する」というニュアンスを出す時にはこの形を用いる。なお "prohibit *A* to *do*" の形は普通使わないので注意。

□ 739
with regard to

～について，～に関して
＝㊐ in regard to (～に関して)
㊐ with respect to (～に関して)
➡ regard は㊐「～とみなす」という意味で用いることが多いが，"with[in] regard to" の形では異なる意味を持つので注意。

□ 740
be conscious of

～を自覚している
＝㊐ be aware of (～に気づいている) ☞No.365

□ 741
for lack of

～がないために
＝㊐ for want of (～の不足のために) ☞No.691
➡ lack は十分にはないことを表す (類義語：shortage, want)。全くない場合は absence。これらに，理由を表す for, from, through がつく。

□ 742
regret *doing*

～したことを後悔する
⋯▸㊐ regret to *do* (残念ながら～する)

□ 743
refrain from

～を控える，～をやめる
＝㊐ abstain from (～を慎む)
➡ "refrain from *A*[*doing*]" で「*A* (～すること) を控える」という意味になる。この場合，*A* の位置に "to *do*" の形を用いない。

□ 744
cheer up

～を元気づける
＝㊐ encourage (を励ます)
➡ 他動詞で「〔人〕を元気づける」という意味になるほか，自動詞として単独で用いる場合は「頑張れ！」の意味にもなる。

738 The rules prohibit students from smoking.

▶規則で**学生は喫煙を禁止されている**。

✔ prohibit **students** from **smoking**
：学生が喫煙するのを禁止する

739 With regard to this there's no disagreement among us.

▶**この点に関して**，私たちの間に異論はない。

✔ with regard to **this**
：この点に関して

740 We are conscious of our own shortcomings.

▶我々は自身の**短所を自覚している**。

✔ be conscious of *one's* **shortcoming**
：短所を自覚する

741 The flowers died for lack of water.

▶花は**水がないために**枯れた。

✔ for lack of **water**
：水がないために

742 Chris regrets being rude to his mother.

▶クリスは母親**に無礼であったことを悔やんでいる**。

☐ regret **being rude to** *A*
：*A* に無礼であったことを悔やむ

743 I refrain from commenting on it.

▶それについての**コメントを差し控える**。

✔ refrain from **commenting**
：コメントを差し控える

744 A word from you will cheer him up.

▶あなたの一言で**彼も元気づけ**られるだろう。

✔ cheer **him** up
：彼を元気づける

☐ 745
keep pace with

~に遅れずについて行く
＝[熟] keep up with（~に遅れずについて行く）
☞No.396
…▸[熟] catch up with（~に追いつく）☞No.470
▬▸ keep「〔状態や動作〕を維持する」と pace「速度」から，「国際情勢・人・流行・勉強などに遅れずについて行く」という意味になる。"catch up with" は「追いつく」という動作を示す。

☐ 746
coincide with

~と同時に起きる；~と一致する
…▸[副] simultaneously（同時に）
▬▸「〔人の性質や性格，意見などが〕一致する」という意味。

☐ 747
lose *one's* temper

腹を立てる
＝[熟] be out of temper（腹を立てている）
* やや古語
…▸[熟] get into a temper（かっとなる）
▬▸ [名] temper は「腹立ち」と「平静な気分」という二つの逆の意味を持つので注意。

☐ 748
convince *A* of *B*

A に *B* のことを納得させる
▬▸ convince *A* that SV で，「*A*〈人〉に~だと納得させる」という形をとることができる。受身の場合は "*A* is convinced of *B*", "*A* is convinced that SV" となり，*A* が *oneself* の場合には自分自身が確信することになる。

☐ 749
date from

~にさかのぼる，~に始まる
＝[熟] date back to[as far as]（~にさかのぼる）
…▸[熟] originate from（~が起源である）
▬▸ [動] date「〔物・事が〕〈年代・時期に〉始まる」が，[前] from を伴う場合は続いている状態を強調し，"back to" を伴う場合はさかのぼることを強調する。なお，"originate from" は「〔物・事が〕〈人・出来事に〉始まる」という意味で，"date from" が時間的な起源に焦点を置くのと異なる。

☐ 750
with difficulty

やっとのことで，かろうじて
⇔[熟] with ease（容易に）
…▸[熟] at last（〔いろいろ努力して〕ついに，やっと）
☞No.018
▬▸ 対義語 "with ease" は easily とほぼ同義だが，difficultly という副詞はないので注意。hardly や scarcely は，ほとんどないこと〈否定的〉に焦点があるという点で，意味が異なる。

745 You should read newspapers to keep pace with the times.

▶**時勢に遅れずについて行く**ためには新聞を読むべきだ。

✔ **keep pace with** the times
：時勢に遅れずついて行く

746 The fire coincided with the earthquake.

▶火事は**地震と同時に起こった**。

✔ **coincide with** the earthquake
：地震と同時に起こる

747 He finally lost his temper over the noise.

▶彼はついにその騒音に**腹を立てた**。

748 She tried to convince me of her innocence.

▶彼女は自分の**無罪を**私**に納得させ**ようとした。

✔ **convince** *A* **of** innocence
：*A* に無罪を納得させる

749 His family dates from the 17th century.

▶彼の家系は **17 世紀にさかのぼる**。

✔ **date from** the 17th century
：17 世紀にさかのぼる

750 The overweight plane rose with difficulty into the sky.

▶重量オーバーの飛行機は**かろうじて**空に飛び立った。

COLUMN

Lesson 3　よく出る会話表現③

下線をつけた英文が入試で問われた会話表現です。
会話全体の流れを理解して，その場面といっしょに覚えましょう。

⑨ A : Hi! How was your day?
B : It was unbelievably busy. I'm exhausted.
A : Well, sit down and rest while I cook dinner.
B : I hope it'll be ready soon. I'm really hungry.

〈訳〉A：やあ！今日はどうだった？
B：信じられないくらい忙しくて，疲れ切っています。
A：じゃあ，私が夕食を作る間，座って休んでいなさい。
B：すぐにできるといいな。本当にお腹がすいています。

⑩ A : Good evening, sir. Are you ready to order?
B : Yes, I'd like lobster tonight, please.
A : Yes.
B : And what comes with it?
A : Soup, salad, vegetables, bread or rice, and coffee.

〈訳〉A：こんばんは。ご注文はお決まりですか？
B：はい，今夜はロブスターをください。
A：はい。
B：それに，何がついてきますか？
A：スープ，サラダ，野菜，パンかライス，コーヒーです。

⑪ A : What did you think of the movie?
B : I really love it. How about you?
A : I thought it was boring, nothing but car chases.
B : Well, I found it very exciting. I like car chases.

〈訳〉A：映画はどうでしたか？
B：本当に気に入りました。あなたはどうですか？
A：退屈でした。カーチェイスだけでしたよ。
B：えー，私はとてもわくわくする映画だと思いました。カーチェイスが好きですから。

⑫ A : Hey! That's my blouse! Put it back.
B : But you never wear it.
A : That doesn't matter. Mother gave it to me.
B : So what? It matches my skirt!

〈訳〉A：ちょっと！　それは私のブラウスよ！　返してよ。
B：でも，あなたは全然着てないでしょう。
A：そんなことは関係ないわよ。お母さんが私にくれたのよ。
B：だから何よ？　私のスカートに合うんだから！

⑬ A : What did you think about the movie?
B : Well, it was too slow for me.
A : Was it? I thought it was rather good.
B : Really?

〈訳〉A：あの映画についてどう思いましたか？
B：うーん，とてもつまらなかったです。
A：そうでしたか？　私はかなりよいと思いましたが。
B：本当ですか？

⑭ A : Do you go straight to the airport?
B : No, you ought to have taken the Number 7.
A : Where can I get that?
B : Change buses at the next stop.

〈訳〉A：このバスは空港へ直行しますか？
B：いいえ，あなたは７番のバスに乗るべきだったのです。
A：それはどこで乗れますか？
B：次のバス停で乗りかえてください。

⑮ A : Is this your first visit to Tokyo, Dr. Smith?
B : Yes, it is. I visited Kyoto once, though.
A : Oh, really? How did you like it?
B : I enjoyed staying there very much.

〈訳〉A：スミス博士，東京は初めてですか？
B：はい。京都へは一度行ったことがありますけど。
A：あー，そうですか。京都は気に入りましたか？
B：たいへん楽しかったです。

⑯ A : You look very tired this morning.
B : I am. I was up until midnight.
A : You'd better go to bed early tonight.
B : I'm going to.

〈訳〉A：今朝はあなたはたいへん疲れているようですね。
B：そうです。真夜中まで起きていましたから。
A：今夜は早く寝た方がいいですね。
B：そうするつもりです。

⑰ A : Can I take books out of this library?
B : If you live in this city, you can.
A : I do.
B : Then you just have to fill out this card.

〈訳〉A : この図書館から本を借りられますか？
B : もし，あなたがこの市内に住んでいれば，借りられます。
A : 住んでいます。
B : それでは，このカードに書き込んでください。

⑱ A : I was really happy to hear you got the job.
B : Thanks. I'm looking forward to starting.
A : When will that be?
B : Next Tuesday.

〈訳〉A : あなたが仕事に就いたと聞いてたいへん嬉しく思いました。
B : ありがとう。始めるのが楽しみです。
A : いつ始めるのですか？
B : 次の火曜日です。

特別付録

要注意の中学熟語 103

本書の見出し語から割愛したもののうち，中学レベルの 103 熟語です。過去のセンター試験における出現頻度は，本書の見出し語よりも高いものばかりなので，共通テストでも頻出するでしょう。

□ a cup of	（カップ）一杯の
□ a glass of	（コップ［グラス］）一杯の
□ a lot	たくさん
□ a member of	～の一員
□ a pair of	一組の
□ a piece of	一片の
□ all kinds of	あらゆる種類の
□ all right	わかりました
□ anyone else	ほかに誰も［誰か］
□ as ～ as ...	…と同じほど～
□ ask ～ to *do*	～に…してくれと頼む
□ at night	夜に
□ at school	学校で
□ be born	生まれる
□ Be careful.	気を付けて。
□ be glad to *do*	～して嬉しい
□ be surprised at	～にびっくりする
□ be tired	疲れた
□ between *A* and *B*	*A* と *B* の間で
□ Can I ～ ?	～してもいいですか?
□ Can I help you?	何かお困りですか?
□ come back	戻ってくる
□ come in	入る
□ Could you ～ ?	～して下さいませんか?

☐ don't have to *do*	～する必要はない
☐ every day	毎日
☐ excuse me	すみません
☐ far away	はるか遠くに
☐ feel sick	気分が悪い
☐ for a long time	長い間
☐ for long	長い間
☐ get away	立ち去る
☐ get excited	興奮する
☐ get home	家に帰りつく
☐ get tired	疲れる
☐ go and see	見に行く
☐ go back	帰る
☐ go back to	～へ戻る
☐ go out	出て行く
☐ go to school	通学する
☐ go up	上がる
☐ go up to	～まで行く
☐ Good luck!	ご成功を!
☐ have been to	～へ行ったことがある
☐ hear about	～のうわさを聞く
☐ How do you do?	はじめまして。
☐ How do you like ～ ?	～はいかがですか?
☐ how to *do*	～の仕方
☐ I am sorry.	(本当に)すみません。
☐ I am sure	本当に
☐ I hear ～ .	～だそうだ。
☐ I see.	わかりました。

□ in the evening	夕方に
□ in the morning	朝に
□ in this way	この方法で
□ Just a minute.	ちょっと待って下さい。
□ last night	昨夜
□ last year	去年
□ Let me see.	ええと。
□ lie down	横になる
□ listen to	～を聞く
□ look around	～のあたりを見回す
□ look at	～を見る
□ look down at	～を見下ろす
□ May I help you?	いらっしゃいませ。
□ more and more	ますます多くの
□ Nice to meet you.	はじめまして。，こんにちは。
□ no more	もはや～ない
□ No, thank you.	結構です。
□ Not really.	まさか。
□ of course	もちろん
□ on *one's*[the] way home	帰宅途中で
□ one of	～のうちの1人[1つ]
□ out of	(～の中から)外へ
□ over here	こちらに
□ over there	向こうに
□ sit down	(いすに)座る
□ so ～ that ...	とても～なので…
□ some of	～の一部[いくらか]
□ stand up	立ち上がる

必修熟

☐ start (*doing*)	～しはじめる
☐ stop (*doing*)	～することをやめる
☐ take care	気をつける
☐ talk with	～と話をする
☐ thank you for	～をありがとう
☐ That's fine.	それはいいね。
☐ That's great.	それはすばらしい。
☐ the day after tomorrow	あさって
☐ the first ～ to *do*	…した最初の～
☐ the other day	(つい)先日
☐ think about	～について考える
☐ this time	今度(は)
☐ this way	このように
☐ try to *do*	～しようと努める
☐ turn to	～の方へ向く
☐ used to be	かつては～だった
☐ What is the matter?	一体どうしたのですか?
☐ what to *do*	何をすればいいか
☐ What's wrong?	どこが悪いの?
☐ Will you ～ ?	～してくれませんか?
☐ would like	～がほしい
☐ Would you like ～ ?	～はいかがですか?
☐ You are welcome.	どういたしまして。

ESSENTIAL ENGLISH IDIOMS FOR
The Common Test for University Admissions

INDEX

索引

□ この索引には，本文の見出し熟語（750語）とその派生語・類義語・反意語・関連語（計793語）が掲載されています。

□ 太字（**abcde...**）は見出し熟語，細字（abcde...）はそれ以外です。

A

PAGE

B

PAGE

C

PAGE

D

PAGE

E PAGE

F PAGE

G

PAGE

I

J PAGE

K PAGE

L PAGE

O

PAGE

P

PAGE

Q PAGE

R PAGE

S PAGE

T

PAGE

MEMO

音声再生方法

下記 QR コードまたは URL にアクセスし，
パスワードを入力してください。
http://www.toshin.com/books
Password: TSKT750

▶音声ストリーミング
スマートフォンやタブレットに対応。ストリーミング再生はパケット通信料がかかります。

▶ダウンロード
パソコンよりダウンロードしてください。スマートフォンやタブレットでのダウンロードはサポートしておりません。

共通テスト対応英熟語 750

発行日　：2020 年 10 月 19 日　初版発行
　　　　　2024 年 1 月 31 日　第 5 版発行

編者　：東進ハイスクール・東進衛星予備校
発行者　：永瀬昭幸

発行所　：株式会社ナガセ
〒 180-0003　東京都武蔵野市吉祥寺南町 1-29-2
出版事業部（東進ブックス）
TEL：0422-70-7456 ／ FAX：0422-70-7457
http://www.toshin.com/books/（東進 WEB 書店）
（本書を含む東進ブックスの最新情報は，東進 WEB 書店をご覧ください）

イラスト　：新谷圭子
装丁　：東進ブックス編集部
DTP　：株式会社秀文社
印刷・製本　：シナノ印刷株式会社
編集協力　：大澤ほの花，金子航，佐藤春花，佐廣美有，土屋岳弘，戸田彩織，福島はる奈，山下芽久，山蔦千尋
音声収録　：一般財団法人　英語教育協議会（ELEC）
音声出演　：Jennifer Okano，水月優希

ISBN：978-4-89085-848-4　C7382

東進の合格の秘訣が次ページに

合格の秘訣1 全国屈指の実力講師陣

東進の実力講師陣 数多くのベストセラー参考書を執筆!!

東進ハイスクール・東進衛星予備校では、そうそうたる講師陣が君を熱く指導する！

本気で実力をつけたいと思うなら、やはり根本から理解させてくれる一流講師の授業を受けることが大切です。東進の講師は、日本全国から選りすぐられた大学受験のプロフェッショナル。何万人もの受験生を志望校合格へ導いてきたエキスパート達です。

英語

本物の英語力をとことん楽しく！日本の英語教育をリードするMr.4Skills.
安河内 哲也先生 ［英語］

100万人を魅了した予備校界のカリスマ。抱腹絶倒の名講義を見逃すな！
今井 宏先生 ［英語］

爆笑と感動の世界へようこそ。「スーパー速読法」で難解な長文も速読即解！
渡辺 勝彦先生 ［英語］

雑誌「TIME」やベストセラーの翻訳も手掛け、英語界でその名を馳せる実力講師。
宮崎 尊先生 ［英語］

いつのまにか英語を得意科目にしてしまう、情熱あふれる絶品授業！
大岩 秀樹先生 ［英語］

全世界の上位5%(PassA)に輝く、世界基準のスーパー実力講師！
武藤 一也先生 ［英語］

関西の実力講師が、全国の東進生に「わかる」感動を伝授。
慎 一之 先生 ［英語］

数学

数学を本質から理解し、あらゆる問題に対応できる力を与える珠玉の名講義！
志田 晶先生 ［数学］

論理力と思考力を鍛え、問題解決力を養成。多数の東大合格者を輩出！
青木 純二先生 ［数学］

「ワカル」を「デキル」に変える新しい数学は、君の思考力を刺激し、数学のイメージを覆す！
松田 聡平先生 ［数学］

予備校界を代表する講師による魔法のような感動講義を東進で！
河合 正人先生 ［数学］

合格の秘訣2 基礎から志望校対策まで合格に必要なすべてを網羅した

学習システム

映像によるIT授業を駆使した最先端の勉強法

高速学習

一人ひとりのレベル・目標にぴったりの授業

東進はすべての授業を映像化しています。その数およそ1万種類。これらの授業を個別に受講できるので、一人ひとりのレベル・目標に合った学習が可能です。1.5倍速受講ができるほか自宅からも受講できるので、今までにない効率的な学習が実現します。

1年分の授業を最短2週間から1カ月で受講

従来の予備校は、毎週1回の授業。一方、東進の高速学習なら毎日受講することができます。だから、1年分の授業も最短2週間から1カ月程度で修了可能。先取り学習や苦手科目の克服、勉強と部活との両立も実現できます。

現役合格者の声

東京大学 文科一類
早坂 美玖さん
東京都 私立 女子学院高校卒

私は基礎に不安があり、自分に合ったレベルから対策ができる東進を選びました。東進では、担任の先生との面談が頻繁にあり、その都度、学習計画について相談できるので、目標が立てやすかったです。

先取りカリキュラム

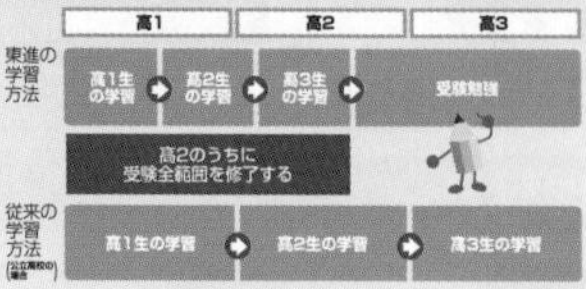

目標まで一歩ずつ確実に

スモールステップ・パーフェクトマスター

高校入門から最難関大までの12段階から自分に合ったレベルを選ぶことが可能です。「簡単すぎる」「難しすぎる」といったことがなく、志望校へ最短距離で進みます。

授業後すぐに確認テストを行い内容が身についたかを確認し、合格したら次の授業に進むので、わからない部分を残すことはありません。短期集中で徹底理解をくり返し、学力を高めます。

自分にぴったりのレベルから学べる 習ったことを確実に身につける

パーフェクトマスターのしくみ

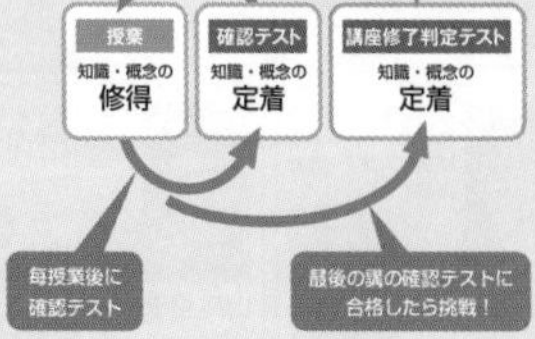

現役合格者の声

東北大学 工学部
関 響希くん
千葉県立 船橋高校卒

受験勉強において一番大切なことは、基礎を大切にすることだと学びました。「確認テスト」や「講座修了判定テスト」といった東進のシステムは基礎を定着させるうえでとても役立ちました。

東進で勉強したいが、近くに校舎がない君は…

東進ハイスクール
在宅受講コースへ

「遠くて東進の校舎に通えない……」。そんな君も大丈夫！ 在宅受講コースなら自宅のパソコンを使って勉強できます。ご希望の方には、在宅受講コースのパンフレットをお送りいたします。お電話にてご連絡ください。学習・進路相談も随時可能です。 **0120-531-104**

徹底的に学力の土台を固める

高速マスター基礎力養成講座

高速マスター基礎力養成講座は「知識」と「トレーニング」の両面から、効率的に短期間で基礎学力を徹底的に身につけるための講座です。英単語をはじめとして、数学や国語の基礎項目も効率よく学習できます。オンラインで利用できるため、校舎だけでなく、スマートフォンアプリで学習することも可能です。

現役合格者の声

早稲田大学 基幹理工学部
曽根原 和奏さん
東京都立 立川国際中等教育学校卒

演劇部の部長と両立させながら受験勉強をスタートさせました。「高速マスター基礎力養成講座」はおススメです。特に英単語は、高3になる春までに完成させたことで、その後の英語力の自信になりました。

東進公式スマートフォンアプリ

東進式マスター登場！

（英単語／英熟語／英文法／基本例文）

スマートフォンアプリでスキマ時間も徹底活用！

1）スモールステップ・パーフェクトマスター！

頻出度（重要度）の高い英単語から始め、1つのSTAGE（計100語）を完全修得すると次のSTAGEに進めるようになります。

2）自分の英単語力が一目でわかる！

トップ画面に「修得語数・修得率」をメーター表示。
自分が今何語修得しているのか、どこを優先的に学習すべきなのか一目でわかります。

3）「覚えていない単語」だけを集中攻略できる！

未修得の単語、または「My単語（自分でチェック登録した単語）」だけをテストする出題設定が可能です。
すでに覚えている単語を何度も学習するような無駄を省き、効率良く単語力を高めることができます。

共通テスト対応 英単語1800
共通テスト対応 英熟語750
英文法 750
英語基本例文300

「共通テスト対応英単語1800」2023年共通テストカバー率99.8%！

君の合格力を徹底的に高める

志望校対策

第一志望校突破のために、志望校対策にどこよりもこだわり、合格力を徹底的に極める質・量ともに抜群の学習システムを提供します。従来からの「過去問演習講座」に加え、AIを活用した「志望校別単元ジャンル演習講座」、「第一志望校対策演習講座」で合格力を飛躍的に高めます。東進が持つ大学受験に関するビッグデータをもとに、個別対応の演習プログラムを実現しました。限られた時間の中で、君の得点力を最大化します。

現役合格者の声

京都大学 法学部
山田 悠雅くん
神奈川県 私立 浅野高校卒

「過去問演習講座」には解説授業や添削指導があるので、とても復習がしやすかったです。「志望校別単元ジャンル演習講座」では、志望校の類似問題をたくさん演習できるので、これで力がついたと感じています。

大学受験に必須の演習

過去問演習講座

1. 最大10年分の徹底演習
2. 厳正な採点、添削指導
3. 5日以内のスピード返却
4. 再添削指導で着実に得点力強化
5. 実力講師陣による解説授業

東進×AIでかつてない志望校対策

志望校別単元ジャンル演習講座

過去問演習講座の実施状況や、東進模試の結果など、東進で活用したすべての学習履歴をAIが総合的に分析。学習の優先順位をつけ、志望校別に「必勝必達演習セット」として十分な演習問題を提供します。問題は東進が分析した、大学入試問題の膨大なデータベースから提供されます。苦手を克服し、一人ひとりに適切な志望校対策を実現する日本初の学習システムです。

志望校合格に向けた最後の切り札

第一志望校対策演習講座

第一志望校の総合演習に特化し、大学が求める解答力を身につけていきます。対応大学は校舎にお問い合わせください。

合格の秘訣3

東進模試

申込受付中
※お問い合わせ先は付録7ページをご覧ください。

学力を伸ばす模試

本番を想定した「厳正実施」
統一実施日の「厳正実施」で、実際の入試と同じレベル・形式・試験範囲の「本番レベル」模試。
相対評価に加え、絶対評価で学力の伸びを具体的な点数で把握できます。

12大学のべ42回の「大学別模試」の実施
予備校界随一のラインアップで志望校に特化した"学力の精密検査"として活用できます(同日・直近日体験受験を含む)。

単元・ジャンル別の学力分析
対策すべき単元・ジャンルを一覧で明示。学習の優先順位がつけられます。

最短中5日で成績表返却
WEBでは最短中3日で成績を確認できます。※マーク型の模試のみ

合格指導解説授業
模試受験後に合格指導解説授業を実施。重要ポイントが手に取るようにわかります。

2023年度

東進模試 ラインアップ

共通テスト対策
- 共通テスト本番レベル模試 …… 全4回
- 全国統一高校生テスト(全学年統一部門)(高2生部門)(高1生部門) …… 全2回

同日体験受験
- 共通テスト同日体験受験 …… 全1回

記述・難関大対策
- 早慶上理・難関国公立大模試 全5回
- 全国有名国公私大模試 …… 全5回
- 医学部82大学判定テスト …… 全2回

基礎学力チェック
- 高校レベル記述模試(高2)(高1) …… 全2回
- 大学合格基礎力判定テスト …… 全4回
- 全国統一中学生テスト(全学年統一部門)(中2生部門)(中1生部門) …… 全2回
- 中学学力判定テスト(中2生)(中1生) …… 全4回

※2023年度に実施予定の模試は、今後の状況により変更する場合があります。
最新の情報はホームページでご確認ください。

大学別対策
- 東大本番レベル模試 …… 全4回
- 高2東大本番レベル模試 全4回
- 京大本番レベル模試 …… 全4回
- 北大本番レベル模試 …… 全2回
- 東北大本番レベル模試 …… 全2回
- 名大本番レベル模試 …… 全3回
- 阪大本番レベル模試 …… 全3回
- 九大本番レベル模試 …… 全3回
- 東工大本番レベル模試 …… 全2回
- 一橋大本番レベル模試 …… 全2回
- 神戸大本番レベル模試 …… 全2回
- 千葉大本番レベル模試 …… 全1回
- 広島大本番レベル模試 …… 全1回

同日体験受験
- 東大入試同日体験受験 …… 全1回
- 東北大入試同日体験受験 …… 全1回
- 名大入試同日体験受験 …… 全1回

直近日体験受験 …… 各1回
- 京大入試 直近日体験受験
- 北大入試 直近日体験受験
- 阪大入試 直近日体験受験
- 九大入試 直近日体験受験
- 東工大入試 直近日体験受験
- 一橋大入試 直近日体験受験

2023年 東進現役合格実績

難関大グループ現役合格史上最高続出！

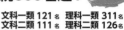

東大現役合格実績日本一[※1] 5年連続800名超！

現役生のみ！講習生を含まず！

※1 2022年の東大現役合格実績を公表している予備校の中で東進の853名が最大（2022年JDnet調べ）。

東大845名

文科一類	121名	理科一類	311名
文科二類	111名	理科二類	126名
文科三類	107名	理科三類	38名
		学校推薦	31名

現役合格者の36.9%が東進生！

東進生現役占有率 845 / 2,284

36.9%

全現役合格者（前期+推薦）に占める東進生の割合

2023年の東大全体の現役合格者は2,284名。東進の現役合格者は845名。東進生の占有率は36.9%。現役合格者の2.8人に1人が東進生です。

学校推薦型選抜も東進！

東大31名 推薦入試でも東進生現役占有率36.4%

現役推薦合格者の36.4%が東進生！

法学部	5名	薬学部	1名
経済学部	3名		
文学部	1名		
教養学部	2名	医学部医学科	3名
工学部	10名	医学部健康総合科学科	1名
理学部	3名		
農学部	2名		

医学部医学科の75.0%が東進生！

医学部も東進 日本一[※2]の実績を更新!!

※2 2022年の国公立医・医現役合格実績を公表している予備校の中で東進の1,032名が最大（2022年JDnet調べ）

国公立医・医 1,064名 昨対+32名

2023年の国公立医学部医学科全体の現役合格者は未公表のため、仮に昨年の現役合格者数（推定）を分母として東進生占有率を算出すると、東進生の占有率は29.4%。現役合格者の3.4人に1人が東進生です。

東進生現役占有率 29.4%

旧七帝大+東工大・一橋大・神戸大 4,703名 昨対+91名

東京大	845名
京都大	472名
北海道大	468名
東北大	417名
名古屋大	436名
大阪大	617名
九州大	507名
東京工業大	198名
一橋大	195名
神戸大	548名

早慶 5,741名 昨対+63名

早稲田大 3,523名　慶應義塾大 2,218名

上理 4,687名 昨対+394名

上智大 1,739名
東京理科大 2,948名

明青立法中 17,520名 昨対+492名

明治大	5,294名
青山学院大	2,216名
立教大	2,912名
法政大	4,193名
中央大	2,905名

関関同立 13,655名 昨対+1,022名

関西学院大	2,861名
関西大	2,918名
同志社大	3,178名
立命館大	4,698名

私立医・医 727名 昨対+101名

日東駒専 10,945名 昨対+934名 史上最高!

産近甲龍 6,217名 昨対+132名 史上最高!

国公立大 17,154名 昨対+652名

国公立 総合・学校推薦型選抜も東進！

国公立医・医 318名 昨対+16名

旧七帝大+東工大・一橋大・神戸大 446名 昨対+31名

東京大	31名
京都大	16名
北海道大	13名
東北大	120名
名古屋大	92名
大阪大	59名
九州大	41名
東京工業大	25名
一橋大	7名
神戸大	42名

ウェブサイトでもっと詳しく

東進　検索

2023年3月31日締切

各大学の合格実績は、東進ネットワーク（東進ハイスクール、東進衛星予備校、早稲田塾）の現役生のみ、高３時在籍者のみの合同実績です。一人で複数合格した場合は、それぞれの合格者数に計上しています。